解剖
加計学園問題

解剖 加計学園問題

〈政《まつりごと》〉の変質を問う

朝日新聞
加計学園問題取材班

岩波書店

目　次

本文中の写真はすべて朝日新聞社提供
人物の肩書・役職はいずれも当時のもの

序

「新学部『総理の意向』　加計学園計画　文科省に記録文書　内閣府、早期対応求める」

学校法人「加計学園」の獣医学部新設をめぐる朝日新聞の報道は、２０１７年5月17日の朝刊１面トップで掲載したこのスクープで本格化した。それから1年半以上経つが、18年秋の自民党総裁選の最中も繰り返し論点になるなど、数々の文書や証言などで浮上した学部新設の経緯をめぐる多くの疑問は、とても解消されたとはいえない。

各論に入る前に、加計学園の獣医学部新設問題とは何か。簡単に振り返っておきたい。

愛媛県や同県今治市、加計学園は安倍政権下で創設された「国家戦略特区」という制度を使って、国内で約半世紀ぶりとなる獣医学部の新設を計画した。これが認められるまでの一連の過程で、学園の加計孝太郎理事長と安倍晋三首相が米国留学時代からの「腹心の友」(首相)だったことに加え、内閣府、首相官邸側が２０１８(平成30)年4月に獣医学部を開学できるよう文科省に強く求める内容が記された同省の文書が見つかったこと、文科省官僚トップだった人物が「行政がゆがめられた」などと証言したことなどから、学部新設について安倍首相も含めた首相官邸側の関与があったのかどうかが問われた。

たとえば、朝日新聞が入手した文書には、獣医学部新設について文科省の課長らが国家戦略特区を担当する内閣府の幹部から言われたとされる内容として、〈設置の時期については、今治市の区域指定時より「最短距離で規制改革」を前提としたプロセスを踏んでいる状況であり、これは総理のご意向だと聞いている〉との記述があった。別の文書には、〈平成30年4月開学を大前提に、逆算して最短のスケジュールを作成し、共有いただきたい。（略）これは官邸の最高レベルが言っていること〉とあり、〈獣医学部新設を1校に限定するかは政治的判断である〉との文言もあった。

さらに、獣医学部に関する手続きが進んでいた当時の文科省官僚トップの事務次官だった前川喜平氏が、朝日新聞、「週刊文春」などのインタビューや記者会見で、一連の文書について「獣医学部の新設について、自分が昨年（２０１６年）秋に担当の専門教育課から説明を受けた際、示されたものだ」「踏むべきステップを踏まずに飛び越えろと言われたように感じ、筋を通そうにも通せなかった。行政がゆがめられた」などと証言した。

文書や証言からは、国家戦略特区を担当する内閣府が「総理のご意向」「官邸の最高レベルが言っている」などの言葉を使って、加計学園の獣医学部の「平成30年4月」開学を強く主張していた構図が浮かび、結果的にその通りになった。

その後も、前川氏の証言や数々の文書によって、萩生田光一内閣官房副長官や和泉洋人首相補佐官といった首相官邸の幹部が、獣医学部新設の経緯に強く関与したのではないかという問題も明らかになった。

２０１８年に入っても、朝日新聞は新たな文書をスクープした。２０１５年4月2日に当時の柳瀬唯夫首相秘書官が、愛媛県や今治市の担当課長、加計学園事務局長と面会した際、獣医学部新設について「本件は、首相案件」と語ったと記された愛媛県の記録だ。首相秘書官は常に首相と行動を共にし、報告を上げる立場にある側近中の側近だ。それまでに明らかになった文書や証言は、おもに内閣府と文科省の間の協議に関するものだったが、首相秘書官から学部新設の当事者である愛媛県、今治市、加計学園への「発言」があったとされる新たな構図が浮上した。柳瀬氏は２０１７年7月25日の参院予算委員会で、この面会について「私の記憶する限りはお会いしていない」と複数回、答弁していた。だが、中村時広愛媛県知事が記者会見で、この文書を愛媛県職員が作ったものだと認めると、柳瀬氏は２０１８年5月10日の衆院予算委員会で「加計学園の方、その関係者の方と面会した」と述べた。一方で、愛媛県や今治市の職員が面会に同席していたかは「今でもわからない」と述べた。「首相案件」発言については、「(そう)申し上げるとは思いません」と述べた。

さらに獣医学部新設をめぐり、愛媛県職員が、加計学園側から２０１５年2月に学園の加計孝太郎理事長が安倍晋三首相と面会した、という報告を受け、その際の首相の発言とされる内容を文書に記録していたこともわかった。文書には、加計氏が首相に「今治市に設置予定の獣医学部では、国際水準の獣医学教育を目指すことなどを説明」と記載。「首相からは『そういう新しい獣医大学の考えはいいね。』とのコメントあり」と記されていた。

それまで安倍首相は、加計氏について「私の地位を利用して何かをなし遂げようとしたことは一度もなく、獣医学部の新設について相談や依頼があったことは一切ない」と答弁。また、学園の獣医学部新設計画を知った時期について、国家戦略特区諮問会議で学園が学部設置の事業者に決まった「2017年1月20日」とも説明していた。加計学園側が愛媛県側に報告したとする文書の内容が事実だとすれば、首相の説明は矛盾していることになる。

加計理事長は2018年6月19日、岡山市で記者会見し、愛媛県の文書に書かれている加計氏と安倍晋三首相の面会について、「ありません」と否定したうえで、文書に書かれた内容は学園の渡邉良人事務局長の不適切な言動によるものだとして、渡邉氏を減給処分にしたと発表。「我々は何十年来の友達。仕事のことを話すのはやめようというスタンスでやっている」と語った。加計理事長は10月7日にも今治市で記者会見し、首相との面会について、「記録がないってことは会ってないと思います。そういうことじゃないですか」と語った。一方で、愛媛県の文書については「聞いてはおります。見てはおりません」と述べ、文書そのものを読まずに会見に臨んだことも明らかにした。

一連の文書や前川氏の証言のほかにも、国家戦略特区ワーキンググループの議事要旨に、出席していた加計学園側の発言がまるまる載っていなかったり、愛媛県幹部の発言が不自然な形で省略されたりしていたことも明らかになっている。

安倍首相や文書に名前が出てきた萩生田氏、和泉氏、柳瀬氏、内閣府幹部は獣医学部新設の手続きに不適切に関与したことを強く否定している。しかし、報道各社の世論調査では、いまだにこうした政権側の説明に納得していない人は多い。18年9月の自民党総裁選で、安倍首相の対抗馬だった石破茂・元幹事長は「森友・加計」問題を念頭に「正直」「公正」な政治を掲げ、事前の予想を上回る党員票を獲得した。この二つの問題が終わったとはとてもいえない。取材は、今も続いている。

加計学園の獣医学部新設問題は東京社会部の水沢健一、編集委員の氏岡真弓がスクープの端緒となる事実を掘り起こした。さらに、東京社会部の根岸拓朗、木原貴之、岡戸佑樹、久保田一道ら多くの記者が取材に加わり、その後の数々の特報に結びつけた。また、特別報道部の野沢哲也、岡崎明子、星野典久はかなり早い時期から「国家戦略特区」の問題点の取材に着手しており、社会部の取材班と情報を幅広く共有したことが、手厚い報道につながった。政治部の南彰は加計・森友両学園問題が焦点になった国会審議を通じ、「政と官」「国会審議」のあり方を真正面から問うた。編集委員の奥山俊宏は公文書管理や公益通報のありようを提起し続けた。東京社会部の野村周は、豊富な調査報道の経験をもとに常に貴重なアドバイスをくれた。このほかにも、重要なスクープを発掘し、裏取りに走った記者たちがいた。

さらに、東京社会部長の長谷川玲は取材班を束ね、取材や原稿に対して冷静で、ときに厳しい目を向けながらも、私たちを鼓舞し、激励し続けた。「森友学園や加計学園の問題をめぐる政府の情報開示姿勢を問う一連の報道」が第18回石橋湛山記念早稲田ジャーナリズム大賞の「公共奉仕部門」で大賞を、「財務省による公文書の改ざんをめぐる一連のスクープ」(東京社会部・大阪社会部の取材班)が2018年度の新聞協会賞を受賞したが、いずれも長谷川の指揮の下で生まれた報道である。ゼネラルエディター兼東京本社編集局長の中村史郎も同様に、「権力監視を通じたジャーナリズム」のありようについて、私たちとともに考え、走ってくれた。(いずれも肩書は当時)

そして、朝日新聞の取材班は18年6月、森友問題、加計問題をどう掘り起こし、どう報じていったのかを中心に、一連の取材の「中間報告」として、『権力の「背信」「森友・加計学園問題」スクープの現場』(朝日新聞出版)を出版した。二つの問題を時系列で取り上げ、記者たちの地を這うような取材の現場や、この問題が国会審議、政治・行政の現場にどんな影響を与えていったのかを詳述した。

その一方で、森友・加計問題を通じて、規制改革のあり方や、「政と官」の関係、公文書管理など、今の政治が抱える問題も浮かび上がってきた。本書では、『権力の「背信」』を受ける形でとくに加計学園問題に焦点を当て、獣医学部新設の過程そのものというより、少し視点を引いて、今の政治・行政の土台に光を当てた。2冊を併せてお読みいただければ、加計問題そのものに加え、背後にある本質的な問題がより広く、深くご理解いただけるのではないかと思う。

本書は、プロローグとなる「序」を西山公隆、「Ⅰ 特区制度の光と影」を野沢、岡崎、星野、「Ⅱ 形骸化する国会、揺れる政と官」を南、「Ⅲ 崩れる公文書」を西山と久保田、公文書に関するコラムと「Ⅳ 公益のための内部告発とは」を奥山、「Ⅴ 大学と地域活性化」を西山が、それぞれ執筆した。また、岩波書店編集部の依頼により、第三者の視点から、元読売新聞記者でジャーナリストの大谷昭宏氏に寄稿をいただいた。

「政事は豆腐の箱の如し、箱ゆがめば豆腐ゆがむ」

江戸時代に農村改革を指導した二宮尊徳がこんな言葉を残している。まさにこの本は、今、政治という「箱」に歪みが出ていないかを、加計学園問題を通じてさまざまな角度から検証しようとしたものである。

朝日新聞文化くらし報道部生活担当部長（前・東京社会部次長）　西山公隆

I

特区制度の光と影

国家戦略特区諮問会議で挨拶する安倍晋三首相(右端). 2016 年 2 月 5 日, 首相官邸.

1　李下に立った安倍首相

蒸し暑く、長い一日だった。

２０１７年7月24日、国会議事堂の3階にある衆院第1委員会室に、マスコミ各社、そして日本中の人々の視線が注がれた。安倍晋三首相をはじめ、加計学園問題で「行政のゆがみ」を告発した前川喜平・元文部科学事務次官、「ゆがんだ行政がただされた」と主張する加戸守行・元愛媛県知事ら、キーマンとされた面々が列席し、加計学園の獣医学部新設をめぐる集中審議が行われていた。

安倍首相から驚きの発言が飛び出したのは、野党のトップバッターとして立った民進党の大串博志氏の質問に対してだ。

大串氏　「総理は、加計(孝太郎・加計学園)理事長がこの獣医学部新設を特区において申請されていると知られたのはいつですか」

首相　「加計学園の申請が認められた国家戦略特区諮問会議において私の知るところに至ったわけでございます」

大串氏　「正確にお答えください。いつですか」

首相　「これはですね、（２０１７年）1月20日に加計学園の申請が正式に決定したわけでございます」

大串氏　「加計学園が申請しているということを、今年の１月に認められたときに初めて知ったということですか」

首相　「知った時期については今申し上げた通りでございます」

委員会室はどよめき、野党議員から「えぇー」「うそだろー」と声が漏れた。

安倍首相は加計理事長を「腹心の友」と呼び、国会での首相の説明によれば、第2次安倍政権になった２０１２年末以降、少なくとも19回、ゴルフや食事をともにしていた。それなのに、加計氏の悲願であった獣医学部新設のことを、首相は17年1月20日になって初めて知ったというのだ。

今治市と愛媛県は07年以降、小泉政権時代につくられた「構造改革特区」の制度を利用して獣医学部をつくる提案を15回も繰り返し、却下されてきた。５回目の提案までは加計学園との共同申請であり、その後も同学園の誘致は前提だった。加戸氏は同じ集中審議の場で「愛媛県にとってはずっと加計ありきできた」と語っている。

また加計氏は16年8月から9月にかけ、当時の山本有二農林水産相、松野博一文部科学相、山本幸三地方創生相らを相次いで訪ね、山本農水相、山本地方創生相とは獣医学部のことを話題にしている。今治市と加計学園の「二人三脚」は関係者にとっては周知の事実だった。にもかかわらず、40年来の親友だった首相ひとりだけが最後まで知らなかった——。この誰の目にも不自然な答弁を、安倍首相はなぜあえて口にしなければならなかったのだろうか。この疑問を糸口に、加計学園問題から見えた、国家戦略特区の構造的な問題を考えてみたい。

「総理のご意向」

加計学園問題の一連の経緯を簡単に振り返ってみる。

２０１７年5月17日、学校法人・加計学園の国家戦略特区での獣医学部新設をめぐり、文部科学省が内閣府から「官邸の最高レベルが言っている」「総理のご意向」などと言われたことが記された内部文書を朝日新聞が特報した。学園理事長の加計氏は、安倍首相の長年の友人。その学園に、半世紀ぶりとなる獣医学部の新設を認めた一連のプロセスに、「総理のご意向」が働いていたのか。野党は一斉に政府への追及を強め、国会は蜂の巣をつついたような騒ぎになった。

文書には、愛媛県今治市を国家戦略特区に指定し、獣医学部新設を認めるよう内閣府から迫られ、文科省幹部らが対応に追われる様子などが克明に記されていた。菅義偉官房長官は当初「怪文書のようなもの」と文書の真正性に疑いをかけたが、その後も新たな文書が次々に発覚。前川氏は記者会見し、「公正公平であるべき行政のあり方がゆがめられた」などと証言した。文科省は1回目の調査では文書の存在を認めなかったが、世論の反発を受けて再調査を実施。ようやく文書の多くが存在していたと認めた。

文書の中身が明らかになると、国会での追及は「獣医学部新設は『加計学園ありき』で進められたのではないか」という点に絞られていった。

焦点となったのが、首相自らが議長を務め、特区の最高意思決定機関である「国家戦略特区諮問会議」の16年11月9日の会合だ。文部科学省が告示で認めてこなかった獣医学部の新設を、国家戦略特区で特例的に認める規制緩和の方針を示したうえで、「現在、広域的に獣医師系養成大学等の存在しない地域に限り獣医学部の新設を可能とする」との条件を付した。

国家戦略特区での獣医学部新設には、加計学園が開設を想定していた今治市のほかに、京都府と京都産業大学(京都市)も手を挙げ、事実上の競合状態になっていた。京産大は、同じ関西圏の大阪府立大に獣医学類があるのに対し、今治市のある四国には獣医学部がない。明らかに今治市側が有利になる条件だ。野党からは、首相が議長を務める諮問会議が、意図的に「京産大外し」に動いたのではないかとの追及が相次いだ。

さらに波紋を広げたのが、文科省の調査で17年6月中旬に明らかになった新文書。内閣府職員から文科省宛てに送られたメールだ。そこには、「現在、〈広域的に〉獣医師系養成大学等の〈存在し〉ない地域に〈限り〉獣医学部の新設を可能とする」と、諮問会議方針の案文に「広域的に」「存在し」「限り」という言葉が手書きで書き加えられた文書のPDFが添えられていたのだ。メールには、この加筆修正について「指示は藤原(豊)審議官曰く、官邸の萩生田(光一・官房)副長官からあったようです」との説明も加えられていた。メール送信の日付は16年11月1日。諮問会議の直前になって、文言はこう変わったことになる。

(旧)「現在、獣医師系養成大学等のない地域において獣医学部の新設を可能とする」

(新)「現在、広域的に獣医師系養成大学等の存在しない地域に限り獣医学部の新設を可能とする」

旧バージョンであれば、京都府・京産大側にとって「京都府内に獣医学部はない」と言って立候補できる余地が残るようにも読める。だが新バージョンでは、同じ関西圏に獣医学類がある京都側よりも、四国全体に獣医学部がない今治市の方が断然有利になると読める。萩生田副長官は安倍首相の「最側近」とされる人物。その指示で、「京産大外し」を決定づけるかのような加筆修正が行われたとなれば、特区諮問会議の公正・公平な運営に重大な疑義が生じる。

政権側は猛反論に出た。山本地方創生相は加筆は自分が指示したと言い、実際に手書きで書き加えたのは藤原審議官だとした。萩生田副長官も「指示」を全面的に否定した。山本氏は、メールを送った内閣府職員(当時、文科省から出向中)を「陰で隠れて本省(出向元の文科省)に御注進したというようなメールであります」と非難し、メールの内容は事実ではないとした。国会の場で自らの部下を公然と非難するという山本氏の行為は批判を浴び、山本氏は後日、謝罪した。

山本氏はさらに、「広域的に」「限り」などの加筆に「京産大外し」の意図はなかったという説明も繰り返した。6月20日の記者会見で、「広域的に」との文言が付いたことで、実質的に今治に絞り込まれるという認識はなかったのかと記者に問われ、こう答えた。

「広域的にを付けることが、どこかを排除するとか、そういう感じで言っているわけではありません。広域的にという解釈はかなり曖昧なところがありますが、県とかそれで区切っているわけでもありませんし、そこは京都産業大学だって、その地域、場所によってはあり得るというようなことで、別に京都産業大学や(以前に獣医学部を提案した)新潟(市)を外すというようなことを考えているわけではありません」

山本氏は16年11月17日、獣医学部新設に反対する「抵抗勢力」とみられていた日本獣医師会幹部のもとを訪ねている。そのとき作られた獣医師会の面会記録には、山本氏が「獣医師が不足している地域に限って獣医学部を新設することになった」「今治市が土地で36億円のほか積立金から50億円、愛媛県が25億円を負担し、残りは加計学園の負担となった」と発言したと記されている(金額は当時の大まかな見積り額とみられる。実際には県と市で計約93億円を負担する計画)。事実なら、獣医学部の候補地を今治市に絞り込んだのは16年末から17年初めだとしてきた山本氏の答弁と矛盾し、16年11月時点で山本氏が「加計ありき」の認識を持っていたことになる。しかし山本氏は「獣医師会の思い込み」などと面会記録の内容を否定した。

「李下に冠を正さず」

山本氏はなぜ、これほどの強弁を駆使してまで「加計ありき」を否定し続けなければならなかったのだろうか。

それは、加計学園に獣医学部を認めた特区諮問会議のトップが安倍首相自身だったからにほかならない。権限を持つトップが、自分の「腹心の友」の利益につながる政策決定をした。結果から見れば、これは事実だ。そこで、加計学園に便宜を図るという「意図」が政権内に介在したのかどうか。安倍首相個人による直接の指示があったかどうかは、ここでは大きな問題ではない。規制緩和で利益を得た者(=加計学園)と、利益を得損ねた者(=京産大)を分かつに至ったプロセスが公明正大だったかどうかが、政策決定のトップが首相だったからこそ厳しく問われているのだ。

本章のはじめに紹介した17年7月の集中審議の冒頭、安倍首相は神妙な面持ちでこう発言をした。

『李下に冠を正さず』という言葉があります。私の友人が関わることで、国民から疑念の目が向けられることはもっともなこと。私の今までの答弁で、その観点が欠けていた。足らざる点があったことは率直に認めなければならない」

「李下に冠を正さず」とは中国の故事からの引用だ。スモモの木の下で、頭にかぶった冠に手をかけて位置を直せば、周囲からはスモモをこっそり盗み取ろうとしているように見える。そうした余計な誤解を生むような行為をしてはならないと、とくに為政者の心構えを説いたものだ。

特区諮問会議が、加計学園が絡む獣医学部設置について議論する。この時点で、安倍首相はすでに「スモモの木の下」に立っていることになる。立ってしまった時点で、国民から疑念の目を向けられても仕方ない状況を首相自らがつくったとも言える。だから、「冠に手をかけていない」ということを周囲に強調しなければ、疑いの目はますます強まってしまう。このため首相は「1月20日まで知らなかった」と言い、山本氏は「加計ありきではなかった」と言い続けるしかなかったのではないだろうか。

利益相反

安倍首相がスモモの木の下に立たずに済んだ方法も、なかったわけではない。

14年2月に閣議決定された「国家戦略特区基本方針」には、こんな項目がある。

「諮問会議に付議される調査審議事項について直接の利害関係を有する議員については、当該事項の審議及び議決に参加させないことができる」

特区をめぐる審議における「利益相反」を回避するための項目だ。

利益相反とは、ある人が持つ「二つの立場」の利害がぶつかり合う状態を指す。たとえば、ある会社の取締役Aさんが、個人としての自己を利する取引の決定に関与する可能性があるケース。個人としてのAさんが利益を得る取引は、Aさんが取締役を務める会社の利益を損なう取引になるかもしれない。だからその決定にAさんを関与させない、あるいはAさんが得る利益を明らかにしたうえで会社にとって最善の取引かどうかを判断する、といったプロセスが求められる。そうしないと、取締役たちが勝手に「我田引水」の判断を始めてしまい、会社は立ちゆかなくなる。

特区諮問会議に置き換えてみる。議長としての安倍首相に与えられた「公」の使命は言うまでもなく、国民全体にとって利益の最大化につながる政策判断である。一方で首相は、加計理事長の友人という「私」の顔も持つ。仮にこの「私」の立場を優先し、友人に便宜を図ろうという意図を持って政策決定を行えば、「国民全体の利益」は損なわれかねない。

加計学園の獣医学部新設に対しては、今治市から学園に土地が無償譲渡されたほか、市と愛媛県から合わせて90億円を超える補助金が出る。開学すれば文科省から私学助成金も出る。原資は国民の税金だ。だから今回の獣医学部新設は、決して首相の私的な判断であってはならず、国民全体の利益にかなう判断でなければならない。

特区基本方針にある「利益相反回避」の項目は、こうした疑念が生じかねない事態をあらかじめ想定して設けられたものだ。特区基本方針に従い、安倍首相は「利害関係者」にあたるとして獣医学部の議論に加わらないという選択肢はなかったのだろうか。だが首相は自らスモモの木の下に立ち、「私は利害関係者ではありません」「加計学園の申請も最後まで知りませんでした」と叫び続ける道を選んだ。そして多くの国民は、この特区の政策決定に利益相反が生じたときに漂う「怪しさ」や「危うさ」を目の当たりにすることになった。

古くて新しい問題

利益相反は特区だけの問題ではない。問題だと指摘された事例は古今東西にまたがる。

06年、日本銀行の福井俊彦総裁が個人の資産運用として「村上ファンド」に投資していたことが発覚した。当初、1000万円だった元本は倍以上の2231万円(05年末)に膨らんでいた。日銀には、職務上知り得た秘密で利殖行為をすることを禁じ、在職中に株式を取得・売却した場合には報告を義務づける内規がある。日銀には、金融機関の経営状況を調べる考査の権限があり、株価などに影響しかねない企業秘密も知りうるため、それを個人のお金もうけに悪用しないように設けられた規定だ。

財界などから道義的な責任を問う声が上がり、日銀の服務ルールの見直しを求める意見が噴出。総裁就任後も投資を続けたことは不適切だったとして、半年間、報酬の3割を返上すると表明した。

09年には、オリックスの宮内義彦会長がやり玉に挙がった。財界きっての規制緩和論者だった宮内氏は、政府の総合規制改革会議の議長を務めるなど、小泉政権下で旗振り役を担っていた。その後、小泉構造改革の目玉の一つである郵政民営化に伴い、日本郵政が保有していた「かんぽの宿」を、オリックス不動産に一括して譲渡する契約が結ばれた。それに当時の鳩山邦夫総務相が、構造改革の旗振り役のグループ企業が取引の当事者になるのはおかしいとして待ったをかけたのだ。

オリックスは「郵政民営化は小泉元首相の直轄案件で別物だ」と反論したが、鳩山氏は「宮内会長が民営化に執念を持っていたのは周知の事実。オリックスは応札企業の中でも最高値で提示しており、（その企業が落札するのは）倫理や道徳の問題だ」と主張した。オリックスは日本郵政とともに適正な手続きを踏んだうえでの売却契約であることを強調したが、鳩山氏は折れず、最終的に契約は白紙撤回された。

２０１４年には、宮沢洋一経済産業相が東京電力株600株を保有していたことが野党の批判を浴びた。東日本大震災後の原発事故を受け、国は東電を事実上、国有化した。国の原発政策の司令塔である経産省のトップが、600株とはいえ東電の株主であることは利益相反にあたるとの批判だ。宮沢氏は「色々ご意見はあると思うが、それを持っているがゆえに東京電力に対する姿勢が変わってくるということは一切ない。値上がりを期待していることも一切ない」と語った。また、菅義偉官房長官も「全く問題ない。大臣規範にのっとり、株式信託手続きに入ったと報告を受けている」と述べた。

新薬開発や医学研究の世界でも、利益相反はたびたび問題になってきた。たとえば、A教授が「この新薬にはこんな効果がある」という研究論文を発表したとする。そのA教授が、新薬を開発したB製薬会社から研究費の支援を受けていたことが後に判明した場合、A教授の論文に「本当に公正な研究結果が書かれているのだろうか」と疑念の目が向けられるのは避けられないだろう。

13年、高血圧治療薬ディオバンの論文をめぐる利益相反問題が発覚した。ディオバンに効果があるとした京都府立医大などの論文に、ディオバンを販売するノバルティス日本法人の元社員の名前が身分を明記せずに記載されていたのだ。同法人のその後の社内調査報告によると、京都府立医大、東京慈恵会医大、名古屋大など5大学がそれぞれ中心となって出されたディオバンの論文にノバルティス社員が身分を明かさずに関わっていた。同社はこれらの論文を宣伝材料に使っており、2014年4月、ノバルティスの日本法人社長らが引責辞任する事態になった。

こうした事態を受け、日本学術会議は大学や公的研究機関の研究者が臨床研究を進めるときの透明性の確保について提言をまとめ、社会や患者の信頼を損なわないよう各機関が利益相反の指針をつくることが必要とした。また、こうした事例がほかにも相次いだことを受けて厚生労働省主導で、臨床研究に関する資金などの提供に関する情報を公表するなどと定めた臨床研究法が制定され、18年4月に施行された。

あの大統領にも……

利益相反は日本だけの問題でもない。たとえば米国では、民間から登用されることが多い財務長官や連邦準備制度理事会(FRB)議長らが、「私利」に基づく政策判断に走らないよう厳しく監視される。「公務で私利を追わない」と定めた法令があり、各省庁などに「倫理担当官」が配置される。持っている証券の銘柄、投資信託などの構成、運用方法が利益相反にならないかを担当官に相談し、問題があれば運用を第三者に完全に任せる「白紙委任」をしたり、売却したりする。それを独立の連邦機関である政府倫理局が審査し、内容を議会にも報告。議会は公聴会で審議する。就任後は年1回の資産報告が申請者に公開される。

それでも問題は起きた。しかも国家のトップに立つ大統領の周辺で。

17年に就任したトランプ大統領は、不動産業やホテル業などを展開してきた実業家だ。大統領としての政策決定が、自ら経営する企業グループを利するものであれば「利益相反」「私利の追求」との批判にさらされかねない。

17年1月10日付の朝日新聞朝刊によれば、トランプ氏が大統領選の立候補時に提出した資産報告書から、同氏が展開する関連企業や法人は500以上に及ぶことが明らかになった。多くが上場していないために詳細は明らかではないが、米メディアによると、少なくとも約20カ国で商取引し、外国政府とつながっている事業もあるという。17年6月に公開されたトランプ氏の16年の所得は、ホテルやゴルフ場事業などで少なくとも約6億ドル(約670億円)超にのぼった。法律家などからは、大統領としての職務と、経営者としての判断の間で、利益相反が起きるかもしれないとの懸念が示された。

こうした懸念を解消するためか、トランプ氏は16年11月、大統領職に専念するとして事業経営から手を引く考えを明らかにした。翌12月には大統領就任前に関係する慈善財団「トランプ財団」を解散させる意向も表明。トランプ氏は声明で、同財団について「これまでいくつもの立派な団体に何百万ドルも貢献してきた」と述べたうえで、利益相反の印象を与えないため、解散に向けた手続きを進めるよう、弁護士に指示したことを明らかにした(ただし、18年9月時点で財団は解散していない)。

それでもトランプ氏に対し、「公私のけじめが不十分」との批判は絶えず、州の司法長官や民主党の連邦議員などが「公務と自身の事業を適切に分離していないのは憲法違反にあたる」などとしてトランプ氏を提訴する動きが広がった。トランプ氏の利益相反について批判的な立場だった米政府倫理局のショーブ局長は17年7月に辞任した。抗議の辞任とみられている。

特区と企業

政策決定の権限を持つ人が、その権限を行使して私腹を肥やすような行為が横行するようでは、それはもはや民主主義国家とは言えまい。こうした疑念を持たれないよう、さまざまな国で、さまざまな制度で利益相反の暴走を防ぐ「ブレーキ」の仕組みづくりが模索されてきた。

国家戦略特区に話を戻す。国家戦略特別区域法が17年に改正された際の付帯決議には、こんな文言が記された。

「民間議員等が私的な利益の実現を図って議論を誘導し、又は利益相反行為に当たる発言を行うことを防止するため、民間企業の役員等を務め、又は大量の株式を保有する議員が、会議に付議される事項について直接の利害関係を有するときは、審議及び議決に参加させないことができることとする」

前項までは、首相自身の利益相反問題について考えてきたが、特区の政策決定に参画するのは首相だけではない。特区に関わる「民間議員」に対しても、「私利」を追求することのないよう戒めるために決議が付されたのだ。

国家戦略特区の決定に関わる組織とメンバーはどうなっているのだろうか。

内閣府のホームページによると、最高意思決定機関である国家戦略特区諮問会議は18年10月時点では、議長である首相と、閣僚の議員4人(麻生太郎財務相、片山さつき地方創生相、菅義偉官房長官、茂木敏充経済再生相)、有識者議員5人(八田達夫アジア成長研究所理事長・元東大教授、竹中平蔵慶大名誉教授ら)

の10人で構成する。その下で具体的な制度設計を担う国家戦略特区ワーキンググループ(WG)があり、委員は9人で、全員が民間人だ。座長の八田氏のほか、本間正義・西南学院大教授、秋山咲恵・サキコーポレーション社長らが名を連ねる。さらに、東京圏、関西圏など10の特区ごとに「区域会議」があり、自治体などが参加してより具体的な計画策定などにあたっている。

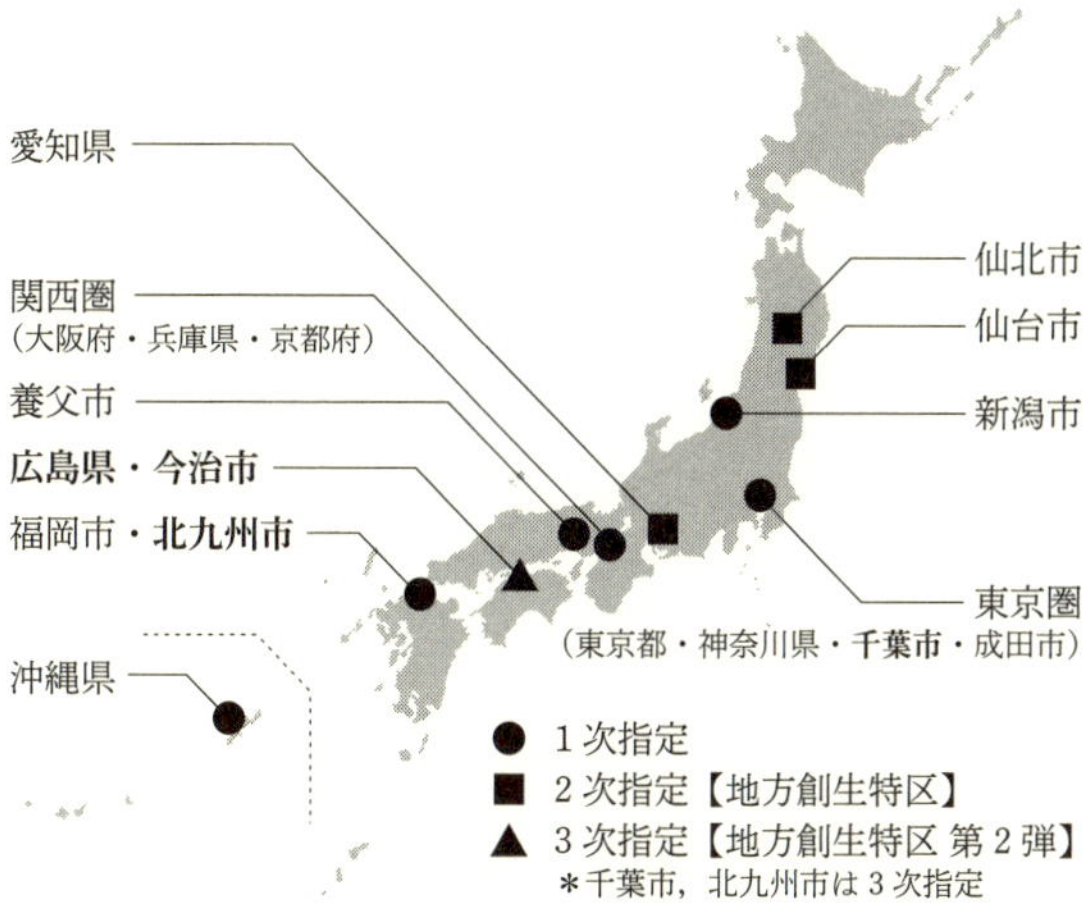

国家戦略特区の指定区域
出典：内閣府HPより.

政策判断には、特区WGも大きな影響を及ぼす。WGは特区での規制緩和を提案する自治体や企業、さらに規制を所管する省庁からそれぞれヒアリング(聞き取り)を重ねる。提案者側に対し、規制緩和によるどんな経済効果を見込んでいるのかを尋ねたり、省庁に対して規制の「根拠」を問いただしたりする。委員は全員が規制緩和の推進論者で占められているため、とくに省庁に対して「根拠のない規制は外すべきだ」とプレッシャーをかけるパターンが多くなる。WGでの実務的な議論を土台にして、特区諮問会議が「機関決定」を下していく流れだ。

諮問会議の議員や特区WGのメンバーには民間人も多く、企業活動に携わっている人もいる。中には、特区での事業を、諮問会議やWGのメンバーが関係する企業・法人が請け負うケースも散見される。

18年6月14日現在、国家戦略特区で認められた規制改革メニューは56、認定事業数は296にのぼる。その中に「外国人家事支援人材の受入れに係る出入国管理及び難民認定法の特例」というものがある。通常は認められていない外国人による家事支援労働を、特区で特例的に認めるという措置で、東京圏特区や関西圏特区などが対象となった。東京圏の神奈川県と東京都は、家事代行サービスを提供する事業者に人材派遣会社大手パソナを認定した。パソナの会長は、特区諮問会議有識者議員の竹中平蔵氏だ。また、竹中氏が社外取締役を務めるオリックスの子会社オリックス農業は、兵庫県養父《やぶ》市で認められた農業特区に参入している。

竹中氏は、外国人家事支援の議論にも参加しており、14年5月12日の特区諮問会議では「女性が輝く国にするための外国人の家事労働の活用とか、そういうものがこのメニューの中に入っておりますので、ワーキンググループですぐに始めていただきたい」と発言している。

これは「直接の利害関係を有する議員については、当該事項の審議及び議決に参加させないことができる」という特区基本方針の趣旨と矛盾しないのだろうか。諮問会議の議員だった梶山弘志地方創生相は17年9月の記者会見でこの点を問われ、「個別の企業だけに活用できるということではなく、同業他社も活用できる規則に関する議論については、利害関係者ではないと判断している」と述べた。特区での事業を請け負うチャンスは多くの同業他社にもあったので問題はないという見解だ。

特区での事業者に選ばれた法人の関係者が、後に特区WGメンバーに入ったケースもある。

「瀬田クリニックグループ」を展開する医療法人社団・滉志会《こうし》(本部・東京)は14年12月9日、東京圏特区の区域会議において、特区内で高度医療を提供する事業者に認められた。「がんに対する次世代型の免疫細胞治療を中心とした診療、臨床研究開発等を推進する拠点」として19床の増床が認められた。

その過程で、提案者側として議論に加わっていたのが滉志会の阿曽沼元博代表。その阿曽沼氏が、区域会議の3日後の12月12日、特区WGの委員に就任したのだ。審査される側の法人の利益代表者が、事業者に決まってすぐ、政策決定側のメンバーに転じたことになる。この点についても梶山氏は17年9月の記者会見で「WGの委員として自らが代表を務める事業の審査には関わっていないということで、利害関係者ではない」と、問題はないとの認識を示している。

運用ルールの見直しは?

加計学園問題への世論の批判を受け、安倍首相は反省の姿勢を示し、「疑念があれば丁寧に説明していく」と誓った。だが、利益相反の疑念を持たれないために、特区諮問会議やWGの運用ルールを見直す動きは起こらなかった。第二、第三の加計学園問題を起こさせないためにも、特区事業における「利害関係者」を審議から外すことを徹底するようなルールの見直しが必要ではないだろうか。

2　岩盤は打ち砕かれたのか

「国家戦略特区に指定した今治市で、画期的な事業が実現します」。２０１７年１月20日。安倍晋三首相は、加計学園による獣医学部新設を認めた国家戦略特区諮問会議でこう「宣言」した。「獣医学部が、来年にも52年ぶりに新設され、新たな感染症対策や先端ライフサイエンス研究を行う獣医師を育成します。新しいカリキュラムなどを通じて、各大学や教育制度全般に良い影響を与えることを期待します。皆様の御尽力に改めて敬意を表します」

２０１８年４月の開学が想定された新たな獣医学部の誕生は52年ぶり。規制緩和の推進論者である特区ＷＧ委員らは、獣医学部の新設を認めてこなかった文科省の告示を「岩盤規制」と呼び、国家戦略特区制度を使ってその岩盤に風穴を空けたと強調した。

獣医学部の設置規制はなぜ「岩盤規制」と呼ばれるようになったのか。加計学園の新設によってその岩盤は本当に打ち砕かれたのか――。この節では「岩盤」をキーワードに、特区における獣医学部新設の問題を考えていきたい。

獣医学部、半世紀の空白

加計学園の参入前、獣医師を養成する大学は国立10、公立１、私立５の計16校だった。もともと軍馬や農耕馬の世話をする獣医師を育てる養成所があり、その多くが戦後に国立の獣医師養成大学になった経緯がある。私立の多くは戦後の設立だ。地域的には北海道や関東に比較的多く、西日本は少ない。

1966年、私立の北里大学獣医学部(青森県十和田市)が開学した後、半世紀にわたり新たな獣医学部はつくられなかった。前川元次官はその経緯について国会でこう説明している。

「大学の設置認可に関しては戦後いろいろな変遷がございます。昭和50年ごろまでは、進学率も高まってくるのに伴って私立大学もどんどん認可していると、そういう時代でございましたが、昭和51年に私立学校振興助成法ができ、量的な規制をするかわりに公費の助成をして私立大学の質も高めていこうということで、法律上5年間は大学の新増設は認めないと、こういうスタンスでございます。(略)一方、平成15年(03年)を境に量的管理は原則撤廃するということで、一定の基準に合致すれば設置を認める方針に転換したわけですが、その際に、計画養成が必要な特定の分野については量的規制を維持するという政策判断がされた。医師、歯科医師、獣医師、教員、船舶職員の5分野については、一定の量的管理が必要だという政策判断がされ、それは、現在も維持されております。現在教員については撤廃され、医師については新設を認めないけれども一定の規模の定員の拡充は必要という考え方でございます」(17年7月10日、衆院の閉会中審査)

私立大の新設を認めない時代が長く続いた後、新設容認方針に転じたものの、医師や歯科医師、獣医師など特定の分野については「量的管理」、つまり新設を認めない方針が維持されたという経緯だ。文部科学省は03年、医師と歯科医師、獣医師、船舶職員などを養成する大学学部・学科の設置を認めないとする告示を出した。この4分野の規制を今も続けている理由について、前川氏は続けてこう述べている。

「医師や獣医師は養成に6年かかる。1人当たり、私学だと千数百万円の学費がかかる。初期投資も大きく、実際に設置された場合には億単位の私学助成が行われる。こういった個人負担および公費負担が膨大に生じるといった分野につきましては、やっぱり一定のコントロールが必要ではないか」

私立大学は国から助成金が出て、学費もかさむ。人材養成に多額のお金がかかる分野で学部新設をどんどん認めてしまうと、多額の公費や学費をつぎ込んでも医師や獣医師になれない人が続出し、大きな無駄が生じかねない、というのが文科省の基本的なスタンスだ。

こうして新たな獣医学部は認められなくなり、16大学の定員の総数は年間計930人のまま変わらない状況が長年続いた。一方、漫画『動物のお医者さん』以降続くペットブームの影響もあって獣医をめざす人は多く、入試倍率は例年5〜10倍以上にもなる狭き門となっている。

15回連続落選

その獣医学部への「参入」を目指して挑んできたのが加計学園と愛媛県今治市だ。

「聖域なき構造改革」を掲げた小泉純一郎政権は02年、「構造改革特区」という制度を導入した。実情に合わなくなった国の規制が民間企業や地方公共団体の事業を妨げているとして、地域を限定して規制を緩和し、地域の活性化を狙うという政策だ。

今治市は愛媛県とともに07年から14年にかけて計15回、この構造改革特区制度を利用した獣医学部新設を提案してきた(最初の5回は加計学園との共同提案)。

だが、国側の対応は今治側にとってつれないものだった。提案に対し、文科省は「基本的には、全国的な獣医師の需給バランスを踏まえて全国的な対応として検討することが適切であると考える」として、特区では対応できないとする「C判定」を出し続けた。民主党政権時代の09年には、「獣医師養成の在り方についても、新たな視点から対応を検討する」として、提案実現に向けて対応を検討するという「F判定」に格上げされたが、実現には至らなかった。

変わった風向き

15回連続で蹴られ続けた獣医学部新設は、12年末に発足した第2次安倍政権のもとで一転して実現に向かっていく。その「てこ」の役目を果たしたのが、国家戦略特区制度の導入だった。構造改革特区が、まず地域から提案を募る「ボトムアップ型」だったのに対し、国家戦略特区は国が主導して規制緩和のメニューを決め、それに合った提案を自治体や法人から募る「トップダウン型」に変わったことが最大の変化だ。国家戦略特区制度全体の特質や狙いについては後述するが、ここでは半世紀ぶりの獣医学部新設が実現した経緯を改めて検証する。

先鞭の役割を果たしたのが、国家戦略特区のもとで実現した医学部の新設だ。医師が増えすぎると医療の質が保てなくなるとして、医学部の新設は1979年の琉球大を最後に認められてこなかった。入学定員についても、82年と97年の閣議決定で、抑制が図られてきた。

しかし、04年度から医師の臨床研修が必修となり、研修医が研修先の病院を選べるようになったのを機に、地方や診療科によって医師が不足する「偏在」が問題化。これを解消するために、文科省は医学部の定員増を認め、各大学も08年度以降、定員を増やしてきた。その後、11年の東日本大震災をきっかけに、国は「震災特例」として東北地方に医学部を新設することを決定。16年に東北医科薬科大学が仙台市に誕生した。

医学部の定員増や新設の流れが進む中、国家戦略特区を利用しての新設に名乗りをあげたのが国際医療福祉大だった。

国際医療福祉大は1995年、栃木県大田原市に開学した。保健学部に続き、医療福祉学部、薬学部など、次々に医療福祉系の学部を創設し、現在は6カ所にキャンパスを持つ。大学付属病院も持っており、理事長の高木邦格氏は、東京医科大を卒業した医師だ。

国際医療福祉大と千葉県成田市は13年9月、共同で成田市に医学部を新設することを特区ワーキンググループ(WG)に提案した。政府は翌10月、規制改革事項の一つとして、医学部の新設を検討するとした。

14年10月の第1回東京圏国家戦略特別区域会議には、成田市の小泉一成市長のほか、高木理事長の代理として、独立行政法人国立病院機構理事長も務めた医学界の重鎮、矢﨑義雄総長が出席。「ぜひとも認めていただきたい」と訴えた。スピードをもって議論を進めるという理由で、12月には区域会議の中に「成田市分科会」が設置されるなど、とんとん拍子で設置に動き出した。

分科会は3~4カ月に1回のペースで開催され、15年7月には内閣府と文部科学省、厚生労働省が「国家戦略特別区域における医学部新設に関する方針」と題する文書を公表した。国際的な医療人材を育成するために、医学部の新設を認めることで合意したもので、関係者の間では「3省合意」と呼ばれる。

3省合意には留意点として、一般の臨床医の養成が主な目的ではないことを明記した。また「医学部を新設するとしても、1校とし、十分な検証を行う」と「1校限り」であることが盛り込まれた。

この3省合意には、「既存大学に医学部を設置しH29年4月開学を行う場合」として、「最短スケジュール例」の図表もついた。この表によると、16年3月に設置認可申請、同年8月に文科大臣が認可――とある。

医学部新設は、このスケジュール通りに進んだ。15年11月の諮問会議で、成田市における医学部の新設が認められ、国際医療福祉大は16年3月に文科省に設置認可を申請、17年4月、国内最大規模の定員140人の医学部が新設された。医学部が建設された土地は、成田市が京成電鉄から約23億円で買い取り、大学に無償貸与している。

医学部に続け

獣医学部新設は、この医学部新設の経緯をほぼ1年遅れでなぞるように進んでいく。

政府が、国家戦略特区で獣医学部の新設を「検討する」と初めて表明したのは15年6月30日。閣議決定された政権の成長戦略『日本再興戦略』改訂２０１５」において、「獣医師養成系大学・学部の新設に関する検討」が盛り込まれたのだ。

なぜこのタイミングで、この項目が検討事項に入ったのか。その理由や経緯はつまびらかになっていない。一つ言えるのは、今治市や加計学園の「動き出し」のタイミングとぴったり合っているということだ。

日本再興戦略の閣議決定からさかのぼること3カ月。15年4月2日、愛媛県と今治市の課長クラスの幹部が首相官邸を訪れた。面会の相手は当時の柳瀬唯夫首相秘書官で、訪問には加計学園事務局長も同行していたことが後に判明する。

それから2カ月。6月4日に愛媛県と今治市は国家戦略特区での「国際水準の獣医学教育特区」を提案。翌5日には、特区WGが愛媛県と今治市の獣医学部新設提案についてヒアリングをしている。ここにも複数の加計学園幹部が同席し、教員確保の見通しなどについて発言していたが、後に公表された議事要旨には、同席の事実や発言内容は記されていない。WG八田達夫座長は、加計学園関係者はあくまで「説明補助者」であり、公式発言ではなかったので議事要旨に載せなかったと説明している。

4　条件

ヒアリングから25日後に閣議決定された日本再興戦略で、獣医学部新設は実現に向けて大きな一歩を踏み出したかに見えたが、その後、しばらく動きが停滞する。日本再興戦略に書かれた次の文言が、あらたな「壁」となって立ちはだかったのだ。

「現在の提案主体による既存の獣医師養成でない構想が具体化し、ライフサイエンスなどの獣医師が新たに対応すべき分野における具体的な需要が明らかになり、かつ、既存の大学・学部では対応が困難な場合には、近年の獣医師の需要の動向も考慮しつつ、全国的見地から本年度内に検討を行う」

この文言は、

①　現在の提案主体による既存獣医師養成でない構想が具体化

②　ライフサイエンスなどの獣医師が新たに対応すべき具体的需要が明らかに

③　既存の大学・学部では対応困難

④　近年の獣医師需要動向も考慮しつつ、全国的見地から本年度内に検討

この4項目に分解され、後に「4条件」と呼ばれるようになる。この4条件を満たさなければ新設は認めないという「ハードル」を置いたと解釈されたのだ。

特区WGや特区を担当する内閣府、大学設置認可を担当する文科省、獣医師行政をつかさどる農水省など、関わる立場によってこの4条件の解釈は微妙に異なっていた。その「解釈のずれ」は、後に加計学園問題の本質に関わる火種となっていく。

文科省は、4条件が満たされれば獣医学部新設は認められる可能性があるが、逆に4条件が満たされなければゴーサインは出ないだろうと解釈した。具体的には、獣医師がそもそも足りているのか、新薬開発などライフサイエンス分野で使う実験動物を扱う獣医師の「需要」があるかどうか、設置提案をしてくる側が既存の大学ではできないような目新しい教育のビジョンを持っているのか、などを可能な限り調べようとした。

しかし、前川元次官は17年7月の記者会見で「(獣医学部の)設置認可には人材需要が明確に示されないといけないが、農水省も厚生労働省も示してくれなかった」と証言する。

獣医師を管轄する農水省によると、現在、獣医師として登録されている人は約3万9000人いる。

仕事の範囲は幅広く、犬や猫などペットの診療のほか、家畜を診る「産業動物獣医師」、鳥インフルエンザなどの伝染病予防や食の安全のために働く「公務員獣医師」、製薬企業などで働くライフサイエンス分野の獣医師など多岐にわたる。

それが結果として、「職域偏在」と「地域偏在」の問題を生んでいる。獣医師の4割はペットの診療に携わっており、都市部では飽和状態になりつつある。一方、地方で働く産業動物獣医師や公務員獣医師らは慢性的に不足しており、各自治体や農業共済組合は修学資金を貸与するなど、あの手この手で獣医師を確保しようとしている。

ただ、ライフサイエンス分野の獣医師が不足しているというデータは存在しない。日本製薬工業協会は朝日新聞の取材に「獣医師は即戦力として期待できるが、今、新たな需要が生まれているというわけではない」とコメントしている。

獣医師の「需給」について、役所側がどんな認識を持っていたのかがうかがえるやりとりがある。16年9月16日、特区WGは獣医学部新設に関して関係省庁からのヒアリングをした。その際、獣医師のニーズについてWG委員に問われた文科省の担当課長は「各大学においてライフサイエンス分野で活躍できる人材の養成に取り組んでおりますが、その具体的な需要は明確になっておりません」と答えた。農水省の担当課長も「現実として産業動物、家畜の数というのは需要が伸びていた時代と違い需要自体も減少している。ペットの方もある程度飽和してきて犬の数が減ってきているという実態がある」と、獣医師の需要は満たされているという見解を伝えた。

獣医師の需要がなければ獣医学部は作れないと考えた文科省側に対し、特区WGや内閣府の見方は違った。

そのヒアリングで、WGの八田達夫座長は「需要があるないということに関する結論が遅きに失している」と役所側の対応を批判。文科省の課長が「我々としては、既存の獣医師養成でない構想が具体化し、かつライフサイエンスなどの獣医師が新たに対応すべき分野における具体的な需要が明らかになって、既存の大学・学部では対応困難だということであれば、そういったこと(獣医学部新設)もしっかり検討していく」と、「4条件」へのこだわりを示すと、八田氏は「文科省は研究の必要性、ちゃんと需要が十分ある研究者を養成するということが必要なら、それは当然やるべきではないですか。ほかのところを見る必要など何もないでしょう」と突っぱねた。

当時の認識について、八田氏は17年6月の記者会見で「議論の過程で、規制に根拠があることは省庁に立証責任がある。本当に条件を満たしているのか(を証明するの)は文科省に責任がある。さんざん聞いたが十分な根拠を示せなかった」と語った。同席した竹中平蔵氏も「本来わたしたちの社会は原則自由なはずで、それを獣医学部に関しては規制をしていた。規制をするんだから特別の理由があるんでしょ。特別の理由として実は需給の問題があるんだったら、新しい問題を考慮してないんじゃないですか。その説明責任はあなたたちにあるんじゃないですか、という交渉をWGは文科省としていたということだと思います」と続けた。

獣医師の需給が分からないということなら、そもそも獣医学部を規制する根拠がない。だからそんな規制は外して当然、という論法だ。

4条件が満たされないなら獣医学部は作れないと考える文科省側と、規制の根拠を立証できないなら規制を外せと迫る特区WG・内閣府側。その認識のズレが埋まらないまま時間が経過し、日本再興戦略にうたわれた「本年度(15年度)内に検討」の期限もとうに越えていた。内閣府は焦り始めた。

「官邸の最高レベル」

加計学園問題が表面化するきっかけとなった文科省作成の文書の一枚には、「平成28年9月26日」という日付が記されている。八田氏が文科省の対応を批判したヒアリングから10日後にあたる。その文書には、内閣府の藤原豊審議官が文科省の担当課長らに対し、「平成30年4月開学を大前提に、逆算して最短のスケジュールを作成し、共有いただきたい」「これは官邸の最高レベルが言っていること(むしろもっと激しいことを言っている)」などと発言したと記されている。

「今後のスケジュール(イメージ)」と題した別の文書には、獣医学部新設に向けた開学までの工程表が記載されている。「平成28年10月に国家戦略特区諮問会議で獣医学部新設の方針決定」という文章の横に、赤字で「『成田市』に比べ3カ月遅れ」とあり、四角で囲われている。内閣府が作成したとみられ、成田市に新設される国際医療福祉大の医学部を意識しつつ、獣医学部をめぐるスケジュールの遅れを気にしていた様子がうかがえる。

これに対し文科省の担当課長や課長補佐らは、松野博一文科相、義家弘介文科副大臣、萩生田光一官房副長官らの感触を聞いて回るなど、内閣府の「催促」を受けて対応に苦慮している様子が別の文書から伝わってくる。さらに16年11月8日に文科省内で送受信された記録があるメールの添付文書に「加計学園への伝達事項」というものがある。「『既存の獣医師養成でない構想を具体化』や『既存の大学・学部では対応が困難な場合』という観点から、差別化できるよう、よく検討していただきたい」「国際性の特色を出す具体的な取組が十分に示されていなかったので、再検討いただきたい」など加計学園を細かく指導していたことを示す文書だ。文科省がぎりぎりの段階まで「4条件」が満たされていないと認識し、焦っていた様子が伝わってくる内容だ。

赤信号を青信号に

文科省内でメールがやりとりされた翌日の11月9日、国家戦略特区諮問会議（議長・安倍首相）は獣医学部の新設方針を正式に決める。前川喜平氏はこの決定を後に「極めて薄弱な根拠の下で規制緩和が行われた。赤信号を青信号だと考えろと言われて赤を青にさせられた」（17年5月の記者会見）と批判。行政がゆがめられたという証言の最大の根拠に挙げた。

この批判に対し、山本幸三地方創生相は17年6月、「文科省が挙証責任を果たせなかったので、勝負はそこで終わっている」「（16年9月のヒアリングで）議論して、もう勝負あり。その後に何を言っているのかという気がしてならない」などと語り、規制緩和は正当な判断だったと反論した。

獣医師が不足しているという根拠が示されず、渋る文科省を内閣府が押し切る形で進められた規制緩和は正当な判断だったのか。そこに「総理のご意向」や「官邸の最高レベル」がどう関わったのか。真相は今も藪の中だ。

全国展開できるのか

文科省の一連の文書が見つかり、国会で野党から激しい追及を受けた政権側は、「(国家戦略特区は)何年も手がつけられなかった規制の岩盤にドリルで風穴を開ける制度。総理の指示のもと、スピーディーに(規制緩和を)実現すべく関係省庁が議論を深めるのは当然のこと」(菅義偉官房長官、5月18日の記者会見)などとして、「岩盤規制緩和」の実績を強調することで批判をかわそうとした。

だが、獣医学部の新設は、「空白地」に「1校限り」という極めて限定的な形で認められた。京都府・京産大も新設に意欲を見せていた中で、なぜ加計学園だけが規制緩和の恩恵にあずかるのか。そこに行政のゆがみはなかったのか——。野党側の追及はやむことはなかった。

特区にはそもそも、地域限定でまず規制緩和を実験的に試行し、成果があれば全国に広げるという趣旨がある。14年2月に閣議決定された「国家戦略特区基本方針」にも、「特区において措置された規制の特例措置は、その実施状況等について適切な評価を行い、当該評価に基づき、その成果を全国に広げていくことが必要である」とうたわれている。

内閣府のホームページによると、18年9月現在、全国展開された規制改革メニューは、「民泊」「都市公園内の保育所設置」など29ある。たとえば保育士不足の対策として、年1回の保育士の国家試験を実質年2回受けられるようにする試みが2015年度から特区内の4自治体限定で導入された。保育士増に効果があったため、16年度からは全国的に保育士試験が年2回行われるようになった。これは全国展開の一つの好例であろう。

だが、全国展開が進んでいない規制緩和もある。国際医療福祉大の医学部新設は特区で認められ、

17年4月に開学したが、医師、歯科医師、獣医師など4分野の学部新設を規制している文科省の告示を見直す動きはみられない。国際医療福祉大や加計学園の学部新設を「ドリルで開けた風穴」だとすれば、「岩盤」そのものである文科省の告示撤廃へと議論が進んでいかないことは、特区の基本方針にそぐわないことになる。結局、「総理は『岩盤規制に穴を開けた』と言いますが、総理に関係の深い加計学園だけが通れる、加計学園の形をした穴を開けたっていうことじゃないですか」(17年6月5日、共産党の宮本徹氏)という批判の声は強まるばかりだった。

そんな批判をひとまずかわそうとしたのか、安倍首相から驚きの発言が飛び出したのはその直後だった。

17年6月24日、神戸市で開かれた講演会で首相は、獣医学部を1校に限って認めたことについて「中途半端な妥協が、結果として国民的な疑念を招く一因となった」と反省の意を示したうえで、こう語った。「地域に関係なく、2校でも3校でも、意欲のあるところにはどんどん獣医学部の新設を認めていく」

これまでの議論の前提をひっくり返すような発言に、野党側は「加計のために(岩盤規制に)穴を開けたと認めたようなもの。自分の疑いを晴らすために国の政策を根本的に変えるみたいな、すさまじい話だ」(共産党の小池晃書記局長)と一斉に批判のボルテージを上げた。その半面で、首相が本気で「2校でも3校でも」獣医学部を認めていくとの方針を語ったのだとすれば、「加計学園のための風穴」ではなく、「岩盤」そのものを打ち砕こうという決意を見せたという見方もできる。

京産大、無念の会見

その首相発言から約3週間後。事態は再び驚きの展開をみせる。「2校目」があるとすれば最有力候補とみられていた京産大が、獣医学部からの「永久撤退」を表明したのだ。

京産大は加計学園と同様、国家戦略特区での獣医学部新設の計画を京都府とともに提案していたが、「獣医学部の空白地に1校限りで認める」「開学は18年4月」などの政府が示した条件に合わず、17年1月時点での特区事業者への応募は見合わせていた。

その京産大は17年7月14日、急きょ記者会見を開いた。

黒坂光副学長は、長年目指してきた獣医学部新設を将来にわたって断念すると表明。その理由として「2校目、3校目となると教員も限られる。教員を必要な人数確保するのは非常に困難だ」と説明した。

京産大は将来の獣医学部新設をにらんで06年に「鳥インフルエンザ研究センター」を設置。鳥インフルエンザ研究の第一人者である大槻公一教授を鳥取大から招き、獣医師資格を持つ教員を計11人集めるなど、具体的な準備を進めていた。ところが、実質的な競合相手となった加計学園が18年4月の開学に向けて70人を超える教員確保に動いたため、京産大が今後、教員を集められるめどが立たなくなったという。加計学園を通過させた「風穴」は、加計学園によって再び閉じられてしまったのだ。

獣医学部の全国展開は「現実的か」と問われた黒坂氏は「可能かどうかに関してコメントする立場にない」と述べるにとどめた。

大学と規制緩和

そもそも教育分野は、規制緩和にそぐうのだろうか。

「反面教師」と言えそうな事例がある。国が音頭を取って04年から始めた「法科大学院」だ。弁護士や裁判官らを増やそうという狙いで、ピーク時は74まで増えたが、法曹界の人材需要があるという政府の予測は外れ、その半数近くは廃止や募集停止に追い込まれている。

獣医学部新設の方針が決まった16年11月の特区諮問会議で、麻生太郎財務相はこう釘を刺している。「法科大学院を鳴り物入りでつくったが、結果的に法科大学院を出ても弁護士になれない場合もあるのが実態ではないか。（略）規制緩和はとてもよいことであり、大いにやるべきことだと思う。しかし、上手くいかなかったときの結果責任を誰がとるのかという問題がある」

獣医師が足りないかどうかの実態把握はままならず、規制緩和の効果や副作用の検証もほとんどされないまま、「岩盤規制を打ち破る」という安倍首相や特区ＷＧのかけ声のもとに進められた加計学園の獣医学部新設。加計学園が運営する岡山理科大獣医学部は18年4月、愛媛県今治市に開学し、獣医師を養成する大学は16から17に増えた。参入規制の「岩盤」である文科省の告示はそのままで、2校目をめざす動きも途絶えた。結果からみると、首相がことあるごとに批判する「既得権益」の側に、加計学園が加わっただけのようにもみえる。

3 特　区——誰のため？ 何のため？

そもそも特区とは、誰のための、何のための制度なのだろうか。

広辞苑で「特区」と引くと、「経済活動や地域の活性化のために特例措置を受ける区域」とある。一つの国内、あるいは一つの州内では同じ法律が適用されるのは法治国家の大原則だ。外国人であっても、日本にいる間は日本の法律が適用される。その中で特区とは、ある特定の地域に限り、例外的に「別のルール」を認めるものだ。運用しだいでは、憲法が保障する「法の下の平等」を揺るがしかねない制度ともいえる。

19世紀、列強と呼ばれた欧米諸国は、清国(今の中国)沿海部の各地に「租界」と呼ばれる外国人居留地をつくった。租界は清国政府の警察権などが及ばない「治外法権」とされ、実質的な植民地支配の足場となった。法の下の平等が約束されない世界のいびつさを映す歴史の一断面だ。

「経済特別区」中国経済の牽引車

経済目的の特区として最初に世界の耳目を集めたのも、やはり中国の沿海部だった。鄧小平氏は1979年、改革・開放路線の目玉として「経済特別区(経済特区)」を打ち出し、80年に広東省の深圳《しんせん》など4地区が最初の特区となった。外国資本と中国資本による合弁会社に対し、輸出入関税の免除や所得税減税などの優遇措置を与えるもので、外資の呼び込みが目的だった。社会主義体制を維持しながら、資本主義で経済発展を図るという、一見矛盾した国策を実現するために「1国2制度」を敷く必要があったとみられる。まず豊かになれる地域の人々から豊かになってもよい、という鄧小平氏の「先富論《せんぷ》」を体現する地域でもあった。

中国の経済特区は外資の呼び込みに成功し、中国の急速な経済成長の牽引車になった。ジェトロ（日本貿易振興機構）の資料によると、特区の象徴的な都市である深圳市の常住人口（16年）は東京並みの1191万人、GRP（域内総生産）は大阪府や愛知県に匹敵する1兆9493億元（約33兆円）。深圳を含む広東省に進出している日系企業は約1600社に達する。

中国での成功に刺激され、東南アジア各国も続々と外資誘致のための特区をつくっていった。一方、中国国内では、特区とそうでない地域の経済格差も問題化した。

日本の特区、沖縄が先駆けに

日本で「特区」の先駆けとなったのは沖縄だ。87年、那覇港と那覇空港に近い那覇市の一画が「自由貿易地域（フリーゾーン）」に指定された。海外から製品や原材料を輸入した場合に関税や内国消費税がかからず、同地域から海外へ輸出する際も関税がかからない。地域内の立地企業には固定資産税の減免といった特典が与えられた。

さらに2002年には、沖縄振興特別措置法に基づき、金融関連企業の法人税を軽減する「金融業務特別地区（金融特区）」と、IT企業の誘致を狙った「情報通信産業特別地区（IT特区）」ができた。

この法律の目的は「沖縄の置かれた特殊な諸事情に鑑み、（略）沖縄の自主性を尊重しつつその総合的かつ計画的な振興を図り、もって沖縄の自立的発展に資するとともに、沖縄の豊かな住民生活の実現に寄与する」(第1条)というもの。ただ、二つの特区が置かれたのは、当時すでに米軍普天間飛行場の移設先の候補に挙がっていた名護市。基地の受け入れを表明した岸本建男名護市長が、その「見返り」として特区の実現を政府に要望していた経緯がある。

02年5月17日付の朝日新聞によれば、01年末に特区に適用する税制の特例が議論された際、財務省は「1国2制度は憲法の平等権に反する」と特区に適用する税制改正に強く反対していた。山中貞則・自民党税制調査会最高顧問、野中広務・自民党沖縄振興委員長、尾身幸次・沖縄担当相ら政治家が反対論を抑え込み、実現にこぎつけたという。「特区」と「政治」のつながりは、このときすでに垣間見えていた。

本来の目的だった「沖縄の自立的発展」「豊かな住民生活」はどうなったか。金融特区は当初、法人税率の大幅引き下げなどで金融機関の誘致に成功していたアイルランド・ダブリンの「国際金融センター」がモデルとされていた。しかし、沖縄で金融特区の優遇税制を受けたのは08年の1社のみで、この企業は12年に撤退している。労働力調査によると、沖縄県内の金融・保険業の就業者数(16年)は1万4000人と、全産業就業者の2%にすぎない。IT特区については、県はIT系企業の誘致企業数が41社(01年度)から263社(12年度)に、雇用者数は4186人から2万3741人に増えたと成果を強調している。ただ、実際に沖縄経済を引っ張っているのは観光業であり、特区の目に見える成果は乏しい。

小泉「構造改革特区」誕生

「特区」という言葉の知名度を全国区に押し上げたのが、小泉純一郎首相(01〜06年在任)であることは間違いないだろう。

02年6月、小泉内閣が閣議決定した経済・財政運営の基本方針、いわゆる「骨太の方針」に、「構造改革特区の導入」が盛り込まれた。

骨太の方針では、構造改革特区について「地域限定の構造改革を行うことで、地域の特性が顕在化したり、特定地域に新たな産業が集積するなど、地域の活性化につながる」と位置づけている。不良債権処理や道路公団改革、郵政民営化など、「小泉構造改革」と称される諸改革に比べると、地域の活性化を主な目的とした構造改革特区はやや「小粒」なメニューに映る。

なぜか。02年5月18日付の朝日新聞は、特区をめぐり水面下の攻防があったと伝えている。特区を導入したい政府の総合規制改革会議(議長・宮内義彦オリックス会長)に対し、特区を「蟻の一穴」にされて規制改革が進むことを警戒した官庁側が異議を唱えたという。記事は、「規制改革を骨抜きにし、特区を単なる地域振興策に着地させたいのだろう」という規制改革会議関係者の見方を紹介している。「地域色」「ボトムアップ」という構造改革特区の色合いは、「官の抵抗」の産物だったようだ。この規制改革会議vs官庁の対立構図は、その後も尾を引くことになる。

政府が全国の自治体からアイデアを募ったところ、1000件近い提案が寄せられた。これに対し、担当省庁が「特区で対応する」と回答したのは1割にとどまり、「病院経営への株式会社参入」や「株式会社による農地取得」といったメニューには、たとえ特区であっても認められないと厚生労働省や農林水産省が激しく「抵抗」した。特区の担当相や規制改革会議の委員が公然と省庁の対応を非難するなど、対立はエスカレート。後に国家戦略特区での獣医学部新設をめぐり、特区WG委員や山本幸三地方創生相が、文部科学省の「抵抗」を激しく非難した構図とよく似ている。

政府作成のパンフレット「構造改革特区　地域の活力で日本を元気に」(13年1月版)によれば、制度発足から10年で1100余りの特区が生まれた。農業者が自ら生産した米で「どぶろく」を製造できる特区(岩手県遠野市)や、「セグウェイ」のような搭乗型移動支援ロボットの公道実験ができる特区(茨城県つくば市)のほか、小中一貫教育のような教育カリキュラムの弾力化を認める措置が特区から全国展開されるようになった事例などが紹介されている。

構造改革特区の効果(11年9月末時点)としては、「約153万人の日帰り客の増加」「約16万人の宿泊客の増加」「就業者数が3800人増」「有害鳥獣約1800頭を捕獲」などとパンフレットには記されている。「どぶろく特区」のように地域の活性化に貢献した事例は少なくないとはいえ、政権肝いりの政策の10年間の効果としてはやや寂しい数字ではないだろうか。

民主党政権も「2匹目のドジョウ」

09年の政権交代を経て、菅直人内閣(10～11年)は、新たな特区制度を打ち出した。「地域主権改革」の一環としての「総合特区」だ。政府の資料によると「地域の包括的・戦略的なチャレンジを、オーダーメードで総合的に支援」するものだ。構造改革特区が「アイデアごと」の認定だったのに対し、総合特区は「面」で指定し、さまざまな規制緩和を集中的に認めることで包括的に地域経済の底上げを図る狙いがあった。

総合特区には、大都市部を中心に経済成長の推進役を期待する「国際戦略総合特区」(7地域)と、地域資源の活用をめざす「地域活性化総合特区」(41地域)の2種類がある。「ボトムアップ型」の構造改革特区と、後に安倍政権が打ち出す「トップダウン型」の国家戦略特区の性格を併せ持った制度といえる。12年に民主党が政権を失い、制度の存在感も薄れているが、総合特区制度は今も続いている。

安倍政権でまた新たな特区、なぜ？

後に獣医学部の新設を認める「国家戦略特区」の制度は、12年末に発足した第2次安倍政権が打ち出したものだ。構造改革特区や総合特区という既存の制度がある中で、なぜわざわざ新しい特区制度をつくる必要があったのか。その経緯から読み解いてみたい。

第1次安倍政権(06～07年)は「美しい国」とのスローガンを掲げて教育改革などに力を注いだが、閣内で相次いだ不祥事や首相自らの健康問題により、短命に終わった。約5年3カ月ぶりに返り咲いた第2次安倍政権の第1次政権との最大の違いは、経済政策「アベノミクス」を前面に打ち出したことだった。

アベノミクスは、大胆な金融政策(第1の矢)、機動的な財政政策(第2の矢)、民間投資を喚起する成長戦略(第3の矢)に代表される。第1の矢は、13年4月に黒田東彦・日本銀行総裁が「異次元」の金融緩和策を打ち出したことによって放たれ、第2の矢も、公共事業費などを大幅に積み増した13年度予算などを通じて体現された。ただ、金融緩和や財政出動は、景気を一時的に刺激する「カンフル剤」でしかない。景気回復を持続的なものにするためには、第3の矢である「成長戦略」が一番大切だ、というのが当時の市場関係者の一致した見方だった。

金融緩和や財政出動に頼らずに経済成長を実現しようとすれば、その手段はおのずと「規制緩和」や「減税」に絞られてくる。経済活動の阻害要因になっている規制を取り除くことで成長を促す、あるいは法人税率を引き下げることで企業の立地を呼び込む、というイメージだ。しかし、減税や多くの規制緩和は法改正を必要とするため、推進論者からみれば機動力に欠ける。減税を嫌がる財務省や、規制緩和に反対する省庁や族議員の「抵抗」を受け続けてきた分野でもある。

そこで特区という「実験場」をつくって特例的に減税や規制緩和を認め、うまくいけば全国に広げる、という発想が出てくる。特例であれば役所の抵抗も和らぐし、特区で実績を挙げれば全国展開への足場にもなる、という考えだ。

だが、それならば、すでにある構造改革特区と総合特区の制度を活用すればよい。なぜ新しい特区が必要だったのか。ヒントになる資料が、首相官邸のホームページにある。

タイトルは「立地競争力の強化に向けて」。資料の作成者は竹中平蔵氏。13年4月17日、成長戦略の立案を担う政府の産業競争力会議に提出された資料だ。その8ページ目に〈経済成長に直結する「アベノミクス戦略特区」(仮称)の推進〉という項目が出てくる。「構造改革特区は、当初は大きな成果をあげたが、徐々に運用が役人任せになり、その後設けられた総合特区も含め、本当に経済成長に直結するような大胆な制度改革に踏み込めていない」と、既存の特区制度への批判が書かれ、続いて「総理主導で特区を推進する体制を構築する。地域活性化だけでなく、国全体の経済成長の柱として、特区制度をリニューアル。制度改革の実験場として再生する」とある。特区で実施する項目の例示として、「公設民営学校の解禁」「病床規制撤廃」などが挙げられている。

この日の産業競争力会議では、竹中氏の提案を引き取る形で、安倍首相が「世界一ビジネスのしやすい事業環境を実現していくための橋頭堡《きょうとうほ》として、特区制度の活用に光を当てたいと思います。既存の特区の現状を検証し、国の主体的な関与を高める方向で、これまでと次元の違う、抜本的な強化を検討したいと思います」と新特区の導入方針を打ち出した。「国家戦略特区」という正式名称が示されたのもこの会議だ。

小泉政権が02年に構造改革特区を導入した際、規制緩和推進派と官僚の激しい攻防の末、地域色の強い制度として始まった経緯はすでに書いた。改めて「総理主導」をうたった国家戦略特区は、規制緩和推進派の11年越しの「リベンジ」「巻き返し」の産物だった経緯が読み取れる。

かくして国家戦略特区は13年6月に閣議決定された「日本再興戦略２０１３」に盛り込まれ、政権の成長戦略の「目玉」の一つとして産声を上げた。

国家戦略特区の最大の特徴は、規制緩和すべき項目をまず政府側が示し、それに沿った提案を地域から募るというトップダウン方式だ。特区ワーキンググループ（ＷＧ）の委員は、このやり方を「構造改革特区、総合特区では十分に実現できていない『岩盤規制』（略）に総理主導で突破口を開き、経済成長を実現する。そのための突破口が『特区』である」（14年１月の特区諮問会議への提出資料）と表現している。

安倍首相が国家戦略特区に込めた並々ならぬ決意を多くの人に知らしめたのは、14年１月下旬にスイスのダボスで開かれた世界経済フォーラム年次総会(ダボス会議)での演説だろう。世界中から集まった政財界のリーダーたちを前に、首相はこう語った。「既得権益の岩盤を打ち破る、ドリルの刃になるのだと私は言ってきた。春先には国家戦略特区が動き出す。いかなる既得権益といえども私の『ドリル』から無傷ではいられない」

解雇特区論争

安倍首相に近い規制緩和推進派は、国家戦略特区を使ってどんな「岩盤規制」を打ち破りたかったのだろうか。その一端が見えたのが、「解雇特区」をめぐる論争だ。

13年9月20日、産業競争力会議の会合で、特区WGは雇用制度の規制緩和を国家戦略特区で進めることを提案した。その具体案の一つが、「(雇用)契約締結時に、解雇の要件・手続きを契約条項で明確化できるようにする」というものだ。

労働者を守るため、日本では企業が従業員を安易に解雇できないルールが、長年の「判例」の積み重ねによってつくられてきた。具体的には①人員整理の必要性、②解雇を避ける努力、③解雇対象者の選び方の合理性、④手続きの妥当性——の4要件とされ、この要件が満たされていなければ裁判で解雇が無効になる。WGの提案は、特区内の企業では、4要件よりも雇用契約を優先させるというもの。たとえば「無断欠勤したら解雇」という条項が雇用契約に入っていれば、実際に無断欠勤すれば解雇される。

この提案に対し、厚生労働省は「そもそも雇用制度の規制緩和は特区になじまない」と強く反対。

当時の田村憲久厚労相も記者会見で「特区の内と外とで違うことが果たしてできるのか」と述べ、労働者保護のルールが「1国2制度」化することへの懸念を表明した。労働界だけでなく、経営者側からも競争条件が不平等になるとして批判の声が上がったこともあり、結局「解雇特区」構想は事実上の見送りとなった。

怒った愛知県知事

特区WGは13年10月、医療や教育など6分野にわたる特区での規制緩和メニューを公表した。「外国人医師の診察解禁」「保険外併用療法(いわゆる混合診療)の拡充」「公設民営学校の設置」など。都心にタワーマンションを建てやすくするための規制緩和や、外国人向けの「民泊」施設を旅館業法の適用除外とすることなども盛り込まれた。

解雇特区騒動が一段落した後は、国家戦略特区は実現に向けて順調に歩みを進めていく。13年末には国家戦略特別区域法が成立、14年1月には安倍首相を議長とする国家戦略特区諮問会議が発足した。同3月には①東京圏、②関西圏、③福岡市、④沖縄県、⑤新潟市、⑥兵庫県養父市、の6地域を国家戦略特区の第1次指定地域に決めた。

1次指定では、4大都市圏の中で唯一、中京圏が外れる一方で、観光特区として沖縄県、農業特区として新潟市と、人口3万人に満たない兵庫県養父市が選ばれた。規制緩和メニューと同様に、地域選定もトップダウンで決められた。落選した愛知県の大村秀章知事は「想定外だ。なぜ我々の提案が外されなければならないのか、客観的に説明してほしい」と怒りのコメントを発している。大村氏は

11年、党の方針に反して愛知県知事選に出馬したとして自民党を除名された経歴を持つ。また、14年3月29日付の朝日新聞では、沖縄県による観光特区の提案の評価は特区諮問会議の中では低かったが、沖縄問題に力を入れる菅義偉官房長官が押し切ったという背景に触れている。国家戦略特区は、トップダウン型ゆえの政治色を帯び始めていた。

メニュー続々、理念は？

15年3月の2次指定で、愛知県、仙台市、秋田県仙北市が、同12月の3次指定で広島県・今治市が選ばれ、国家戦略特区は計10地域に広がった。東京圏には千葉市、福岡市には北九州市も加わり、いわゆる太平洋ベルト地帯の主要都市は軒並み国家戦略特区の指定を受けることになった。

規制緩和メニューもその後、続々と追加されていき、18年10月時点では62項目に達している。主な項目は次のようなものだ。

- 保育士資格に係る児童福祉法等の特例
- 医療機器薬事戦略相談
- 都市公園の占有許可に係る都市公園法の特例
- 国際的な医療人材の育成のための医学部の新設
- 農家レストランの設置に係る特例
- 自動走行実証ワンストップセンターの設置

- 雇用労働相談センターの設置
- 外国人家事支援人材の受け入れ
- シニア・ハローワークの設置
- 企業による農地取得の特例

さて、ここで国家戦略特区のそもそもの目的に立ち返ってみたい。

その目的は「国内のみならず、世界から資本と人を惹きつけられるプロジェクトを推進する『世界でビジネスを一番しやすい環境』の実現」(14年1月、第1回特区諮問会議での安倍首相の発言)だった。ふつうに読み解けば、特区に国内外の投資を呼び込み、経済成長や雇用の創出につなげる、ということだろう。

自動運転タクシーの公道実験を認める試み(東京圏内の神奈川県藤沢市)や、小型無人飛行機(ドローン)を使った宅配の実験(東京圏内の千葉市)など、世界中で競われている研究開発を後押しする規制緩和や、「民泊」を広めて外国人旅行者を呼び込む取り組みなど、経済成長に資する可能性がありそうなメニューもたしかにある。その半面、シニア・ハローワークの設置や、医学部・獣医学部の新設など、投資の呼び込みや経済成長に直接どうつながるのか、よく分からないメニューも続々と加わってきている。

規制緩和の成果をアピール

国家戦略特区の「成果」を政府はどう見ているのか。16年9月12日、東京都内で開かれた「国家戦略特区シンポジウム」で配られた内閣府作成のパンフレットは「規制改革の実現、効果拡大」とうたい、68事項の規制改革（全国措置等を含む）を実現したと強調。「２０１５年度末までの『集中取組期間』で、『岩盤規制』に突破口」「２０１７年度末までを『集中改革強化期間』とし、残された『岩盤規制』を改革」などと、規制緩和の進展を「成果」としてアピールしている。だが、国家戦略特区が経済成長率の押し上げにどれほど貢献したのか、外資を含む企業立地を何社呼び込むことができたのか、といった成果は書かれていない。

規制＝悪なのか？

そもそも規制緩和は「良いこと」なのだろうか。規制とは、自由な経済活動に任せておいては弊害が生じるという理由で設けられるものだ。たとえば食品の安全規制や、運転免許制度のように、人々の命や財産を守るために欠かせない規制も少なくない。規制緩和が経済成長に資するとすれば、時代が変わるなどして規制の根拠が薄くなり、新規参入を妨げるなどの弊害の方が大きくなったケースだ。

たとえば、かつてお酒を売る店は、一定間隔離れた場所にしか店を出せない出店規制があった。だが、零細の酒店を保護するという「根拠」より、コンビニやスーパーでも店によってはお酒を買えないという消費者の「不利益」が大きいとの判断もあって、政府は２００１年に距離による出店規制を撤廃した。この規制緩和により、小売業者はお酒を自由に売れるというビジネスチャンスを得て、消費者はよりお酒を買いやすくなった。この規制緩和を否定する声は今は少ないだろう。

一方で、規制緩和には「副作用」がつきまとうことも忘れてはならない。労働者派遣法の改正により、２００４年から製造業でも派遣労働者を働かせることができるようになった。企業から見れば、必要なときに必要な数の労働者を確保しやすくなるというメリットがある半面、この規制緩和を機に日本では非正規労働者が増え、不安定な雇用による生活不安や、正規社員との賃金格差に苦しむ人たちを大量に生み出した。バス事業者の参入規制を緩めたことで格安の高速バスなどのサービスが生まれた半面で、運転手が過酷な勤務を強いられた末に事故を起こして乗客が亡くなる、という悲劇も起きた。

国家戦略特区では、都心にタワーマンションを建てやすくする規制緩和が目玉の一つになっている。マンション開発業者にとってはビジネスチャンスが生まれ、都心はさらに住民が増えてにぎわうかもしれない。その半面で、都心に人口を吸い上げられた郊外や地方は衰退がさらに加速する。タワーマンションの建設ラッシュになった地域は、保育所や学校が足りない問題に直面している。将来的には、タワマン住民の高齢化が一気に進んだり、タワマンの老朽化対策に手を打てなくなったりするリスクにも向き合うことになる。

規制緩和は、それによって得られる国民の「便益」と、生じる「副作用」を冷静に比較考量したうえで、便益が大きく、副作用は容認できる範囲内だと判断したときに実行に移すのが筋ではないだろうか。

獣医学部の議論に欠けていたものは

ここで改めて、加計学園に獣医学部設置を認めたプロセスを振り返ってみると、かなり重大な「欠落」に気づく。

① 世界で最もビジネスしやすい環境をつくるという国家戦略特区の理念に、獣医学部新設という規制緩和は合致しているのか。
② 獣医学部を新設することによって生じる国民にとっての「便益」は何なのか。
③ 獣医学部新設に伴う「副作用」、たとえば私学助成のような新たな公費支出、教員の分散化による獣医学教育の水準低下の懸念などは国民にとって許容できる範囲なのか。

「岩盤規制」を打ち破るかどうかの激しい論争はあっても、こうした「本筋」の議論は実はほとんど行われていないのだ。

規制緩和が是か非かという議論に終始し、誰のために、何のために規制緩和をするのかという議論がなおざりになりがちなのは、獣医学部をめぐる議論に限ったことではない。政策目的を置き去りにした国家戦略特区制度では、特定の地域や事業者に利益を配るための便利な「誘導装置」になりかねない。

インタビュー　福島伸享氏（元経済産業省官僚、元民進党国会議員）

かつて経済産業省の官僚として「構造改革特区」の導入に携わった後、政治家に転身し、17年10月まで民進党衆院議員として加計学園問題や森友学園問題の追及にあたった福島伸享《のぶゆき》氏に話を聞いた。

――経産官僚時代は特区にどう関わってきましたか？

麻生（太郎）政調会長時代（2001～03年）、私は経産省のバイオ課にいて、バイオ政策を進めようとしていました。医療や農業の分野で規制改革が必要でしたが、医師会や農協の顔色をうかがう「抵抗勢力」の前では議論すらできなかった。タブーだった。それをどう突破しようかと考えていたところ小泉（純一郎）政権が誕生し、麻生さんが政調会長になった。麻生さんの盟友だった末吉興一・北九州市長が、中国の深圳のような特区をつくってほしいという構想を持ってきた。小泉政権は財務省と近く、予算のばらまきや減税を好まなかったので、特区をやるなら「規制の特例をやる特区にしよう」と経産省内で私が提案し、省内で検討が始まりました。当時の小泉政権は、掲げていた道路公団民営化がなかなか進まず、「改革なくして成長なし」という割にはタマがないと言われていた時期。そのころは三重県の北川正恭知事、鳥取県の片山善博知事のような「改革派首長」と呼ばれる人たちがいて、経産省の若手官僚が「営業」に回り、盛り上げていきました。

——構造改革特区をどう評価しますか。

私はポテンヒットのようなものだと思っています。規制というのは、明確に法律で禁止しているものもあれば、そうでないものもある。法令解釈で可能な規制改革もありますし、特区でなくても条例で実現するものもたくさんあります。必要な規制改革なら特区など使わずに法律改正で堂々とやればいい。でも当時の既得権益まみれの自民党政治の中ではなかなか実現しないので、「裏口入学」のような形で構造改革特区制度をつくった。本来はあくまで時限的な措置であるべきだと思います。

——福島さんは2009年の民主党政権誕生時に初当選しています。民主党政権は構造改革特区とは別に「総合特区」の制度をつくりました。新たな特区制度をつくる必要はあったのでしょうか。

特区はあくまで時限的な措置だと思っていたので、民主党政権ができたとき、私は構造改革特区制度の廃止を主張しました。民主党がしがらみのない政治をするなら特区なんて必要ないだろうと。でも民主党は菅(直人)政権になって変質し、「成長戦略が必要」と自民党と同じことを言い始めました。その一つのタマとして総合特区ができ、税制優遇を含めたよりバラマキ色の強い制度ができたわけです。構造改革特区は「地方が国と戦うための道具だ」と説明してきたが、総合特区は国が地方に何か恩典を与えるものになった。政治家も、自分の所に特区を持ってきたというのが集票に生きると考えるようになった。特区制度はこの時点で本質的に変わってしまったと思います。

——さらに第2次安倍政権になって国家戦略特区がつくられます。

構造改革特区制度は、地方と各省のケンカの仲裁役に内閣官房が入るのがミソだったんです。国家戦略特区ではさらに、特区のエリア指定の段階から総理が直接関係することになった。危ない制度だと思います。

――何が危ないのですか。

何かあったときの責任が直接総理のところにいってしまうからです。そういう制度をつくろうとしたら、「責任を分散させた方がいい」と誰かが言わなければいけない。「総理のご意向」というのは大事だが、裏返していえば、すべて総理が責任を負う制度をつくってしまったのです。

――加計学園問題ではまさにその点が追及されました。

今治市の提案ということできて、最後に加計をぽっと出すという形をみると、政権側にも危ないという認識はあったのではないでしょうか。さらに京都府・京都産業大がきちんとした提案をしてきたのは誤算だったと思います。総理が選ぶわけですから、選ばれなかった側からすれば「ずるいじゃないか」という話になる。そういうことが起こりうるんですよ。

――政権や特区ＷＧは「岩盤規制改革だ」と実績を強調しています。

獣医学部の場合、「２０１８年４月開学に限る」や「１校だけ」といった参入規制をつくっています。規制緩和ではなくて規制強化。新しい参入規制をつくったんです。もし規制に根拠がないというなら平等に競わせなくてはいけません。もっと2校、3校と参入させて競わせたらいいし、獣医師が増えすぎて困るというなら獣医師免許の試験を難しくしたり、免許を更新制にしたりすればいい。そもそも学部新設を認めない文部科学省の規制が必要ありません。

II

形骸化する国会、揺れる政と官

内閣人事局の発足式．左から加藤勝信内閣人事局長，稲田朋美人事局担当大臣，安倍首相，菅義偉官房長官．2014 年 5 月 30 日．

1　国会審議の実態

小泉進次郎氏らの提言

「ここから安倍政権の問題点を七つ列挙してまいりたい」と切り出した野党第一党・立憲民主党の枝野幸男代表が約6分かけて、森友・加計学園問題を批判し続け、安倍晋三首相が「今のやりとりを聞いて、本当に(党首討論の)歴史的な使命が終わってしまったと思った」と応じる——。そんな党首討論が行われた2018年6月27日。小泉進次郎・筆頭副幹事長らを中心に自民党の31人の若手国会議員でつくる「2020年以降の経済社会構想会議」(会長・橘慶一郎副幹事長)が国会改革の提言をまとめた。

森友・加計問題を念頭に提言は「今、国民の政治不信が高まっている」という書き出しで始まる。「総理主導の長所を生かしながら、問題点を修正することで、(総理主導の)バージョンアップを進めていくことが必要である」と指摘。「よりオープンに」「より政策本位で」の二つのキーワードでまとめた。

「よりオープンに」の柱は、行政の公正性に疑義が生じた場合、国会に特別調査会を設置することだ。参考人や証人の招致、資料提出を通じた徹底的な事実究明を行う体制の構築を提案。国政調査権の発動を支援する調査スタッフの増強も盛り込んだ。

一方、疑惑追及の場を確保することを前提に、「より政策本位で」として、予算委員会などでは法案審議を優先的に行うことを提言。2週間に1回の党首討論や大臣討論を行う代わりに、首相や大臣の国会出席を「合理化すべきだ」とし、政策本位の国会審議を充実させるため、「審議を計画的に進める仕組み」を導入することも盛り込んだ。

若手議員の勉強会がスタートしたのは18年3月。朝日新聞の報道で、森友学園問題をめぐる財務省の公文書改ざんが発覚した時期と重なった。小泉氏が「平成の政治史に残る大きな事件と向き合っているという認識を持っている」と語る中、一つの成果としてまとめたのが、国会改革の提言だった。31人のメンバーの中には、安倍晋三首相の出身派閥である細田派の7人も参加しており、「政治不信」を前面に掲げることには異論も強かった中での取りまとめだった。記者会見に臨んだ小泉氏は、提言の前提となる次のような認識を読み上げた。

「1年以上にわたり、国民と国会は森友・加計問題に振り回されてきた」

「一連の問題により、政治全体に対する国民の目線は厳しさを増している。政権はしっかりと説明責任を果たしているのか。国会はいつまで個別の問題を議論するのか。いつになったら結論が出るのか。その他の政策テーマの議論は十分に行われているのか。行政のガバナンスをどうやって立て直すのか。こうした国民の疑問を真摯に受け止め、然るべき制度的な対応を行わない限り、近い将来に同様の事案が発生し、再び国政が停滞することになりかねない」

「怪文書」発言で7時間44分空費

「いつまで議論するのか」

この言葉には与党側から見た不満がにじむ。では、なぜ野党側は森友・加計学園問題を国会で繰り返し取り上げざるを得なかったのか。

「加計学園」という言葉が国会で初めて登場するのは、「第二の森友学園疑惑浮上」などと報じられ始めた２０１７年３月３日の参院予算委員会だ。国会議事録検索システム(18年10月末現在)によると、17年３月から18年７月の通常国会閉会までの約１年４カ月間に332回の委員会・本会議で登場している。首相らが出席し国会論戦の「花形」である衆参両院の予算委員会(分科会、公聴会含む)は、この間93回開かれたが、そのうち約３割の30回で取り上げられた。

332回のうち８割超の278回は、加計学園の獣医学部新設計画で、担当の内閣府から「官邸の最高レベルが言っている」「総理のご意向だと聞いている」と言われたなどと記された文部科学省の文書の存在を朝日新聞が朝刊で特報した、17年５月17日以降だ。

この日、午前９時半すぎから衆院文部科学委員会で質問に立った民進党の玉木雄一郎氏(現・国民民主党代表)は「今日は色々と質問しようと思っていたのですが……」と別のテーマを準備していたことをにじませながら、「加計学園が新設する獣医学部の問題について絞って質問させていただきたい」と約25分の持ち時間のすべてを使った。

玉木氏　「特区を担当する内閣府からこれは総理の意向だと聞いているなどと言われたことを記し

た文書を作成し、現在もその文書が文科省の幹部の間で共有されていると報じられています。こうした文書が現に存在するのかどうか、大臣、お答えください」

松野博一文部科学相　「そのニュースに関しては、けさほど、私も新聞で読みました。私自身は、実際にどの文書の何を指してお話しになっているのか、ちょっと承知をしておりませんが、文書自体に関して、具体的にどういった種の、こういった文書だ、こういった経緯のものだということがあれば、確認をさせていただきたい」

文科相は「確認をさせていただきたい」と述べたが、その後も政府の確認は進まなかった。この日午後の定例記者会見で、菅義偉官房長官が「怪文書みたいな文書」と論評。文科省は5月19日、調査対象を一部の共有フォルダーに限定した半日間の調査で「該当する文書の存在は確認できなかった」とする調査結果を発表した。しかし、野党側は「職員が個人で使うパソコンのデータを調べていないため、調査は不十分だ」と判断。追及を続けた。

たとえば、5月22日の参院決算委員会。共産党の小池晃書記局長は独自に「政府関係者」から入手した資料も出しながら、菅氏や国家戦略特区を担当する山本幸三地方創生相に迫った。

小池氏　「5月17日にマスコミが政府部内での検討経過を示す文書を報道いたしました。菅官房長官は日時も明らかでない『怪文書』だと言っておられましたが、翌18日には『平成28年9月26日18時半から18時55分まで、打合せ概要』という文書も報道されております。官房長官、このような会合開かれましたか」

菅氏　「私は全く知りません」

小池氏　「知りませんで済む話じゃないでしょう。文書が事実でないというふうに言うんであれば、それを反証する責任があるんですよ。それなのに知りませんで済ませると。こんなことは許されるわけないです。我々は政府関係者から独自に文書を入手いたしました。それは、すべて今まで報道されているものもありました。それ以外のものもありました。私どもが入手した9月26日の打合せ概要には、対応した官僚の氏名も明記されておりました。内閣府の対応者は、藤原審議官、佐藤参事官とあります。両者に直ちに問いただしていただきたい。昨年9月26日に文科省との打合せを行ったのか、そこで内閣府としてどのような主張をしたのか、調査して公表していただきたい」

山本氏　「9月に今治市の分科会というのをやっておりますので、それを踏まえて、事務的にはいろんな打合せ、やり取りがあったと承知しております。その日時は、はっきりと、今、現時点ではちょっと資料がありませんけれども、そういう打合せをしておりますが、しかし報道にあるようなものとは全く違います」

小池氏　「おかしいじゃないですか。今資料がないのに、ここにあるのは違いますって。全く矛盾した答弁ですよね。私は、具体的に日時も示して誰が出ているのかも言ったんですから、それをちゃんと調査してくださいと言ったんですよ、調査するかどうかを答えてください」

菅氏　「私、小池委員が言っていることが全くよく分からないんですけれども、私どもは、民進党に示された8枚紙（が）来ています。それについて私が『出元も分からず、信憑性も定かでない』、ですから、少なくともこの文書については『怪文書みたいな文書だ』ということを申し上げたんです」

小池氏は文書の存否や書かれた事実関係の確認を8分間にわたって求めたが、政府側は「出元がはっきりしない、信憑性も定かでないという文書に基づいて私どもが何らかのお答えをする立場にない」（山本氏）などとかわし続けた。

朝日新聞政治部の国会取材班は、国会の会議録と審議の動画を照らし合わせることで、この文書の確認にどれだけの審議時間が費やされたのかを調べた。

たとえば、30分の質問時間のうち、

①　文書の確認（10分）
②　獣医学部新設の必要性など加計問題の別テーマ（10分）
③　文書の確認（2分）
④　森友・加計問題を受けた政府の公文書管理のあり方（8分）

──と質疑が行われた場合には、加計問題を扱っていても文書の確認に直接関係のない部分は除き、①＋③で計12分とカウントしていく。検証は、加計問題で国会答弁を担当する内閣府、文科省、農林水産省と関係が深い衆参両院の計10委員会を対象に行った。

・5月17日の衆院文部科学委　民進10分5秒、共産2分50秒、社民8分18秒
・5月17日の衆院農林水産委　民進14分20秒
・5月18日の参院農林水産委　民進14分23秒
・5月18日の衆院農林水産委　民進13分30秒
・5月22日の参院決算委　民進37分10秒(2人)、共産8分15秒
・5月23日の参院文教科学委　民進14分5秒
・5月23日の参院農林水産委　民進5分35秒
・5月25日の参院農林水産委　民進11分20秒
・5月25日の参院文教科学委　民進19分50秒、無所属クラブ9分50秒
・5月26日の衆院文部科学委　民進29分40秒、社民18分
・5月31日の衆院農林水産委　民進2分40秒
・6月1日の参院農林水産委　民進1分25秒
・6月5日の参院決算委　民進5分50秒、社民12分5秒
・6月5日の衆院決算行政監視委　民進17分5秒
・6月6日の参院内閣委　民進9分20秒(2人)、共産2分25秒
・6月7日の衆院内閣委　民進36分45秒(2人)
・6月8日の参院内閣委　民進5分、共産3分10秒
・6月8日の参院農林水産委　自由5分30秒

• 6月13日の参院内閣委　　　　　民進6分30秒(2人)
• 6月13日の参院農林水産委　　　民進7分50秒(2人)、自由4分40秒

前川喜平・元文部科学事務次官や現職官僚が文書の存在を証言したにもかかわらず、政府が再調査を行って文書の存在を国会審議で認めたのは、通常国会の事実上の最終日となった6月16日。政府の謝罪・釈明と内容の確認が初めて行われた6月16日の参院予算委と参院内閣委(7人、計2時間6分55秒)まで含めると、1カ月の間に22回の委員会で延べ41人の野党議員が再調査や内容の確認を求め、7時間44分が費やされた。国会審議の1日分に相当する長さで、16年の臨時国会で成立した「カジノ解禁法案」の衆院での審議時間(5時間33分)を上回る審議時間が、政府の対応によって空費されることになった。

ご飯論法

政府の答弁による空費は、「総理のご意向」文書をめぐるやりとりにとどまらない。


——朝ごはんは食べなかったんですか?

「ご飯は食べませんでした(パンは食べましたが、それは黙っておきます)」

——何も食べなかったんですね?

「何も、と聞かれましても、どこまでを食事の範囲に入れるかは、必ずしも明確ではありませんの

で」

――では、何か食べたんですか？

「お尋ねの趣旨が必ずしもわかりませんが、一般論で申し上げますと、朝食を摂る、というのは健康のために大切であります」

裁量労働制のデータ偽造を指摘した上西充子・法政大教授が、働き方改革関連法案をめぐる加藤勝信厚生労働相の答弁になぞらえてツイートしたところ、「ご飯論法」という名前が付いてネット上で広まった。食事をしたのか聞いているのに「米の飯」は食べていないとずらすような「ご飯論法」は、加計学園問題の政府答弁でも見られた。

典型的なのが、国家戦略特区を申請する前の２０１５年4月2日に柳瀬唯夫首相秘書官が首相官邸で愛媛県、今治市、加計学園の担当者と面会していた件だ。

野党側は17年6月から一部が黒塗りされた今治市の資料を足がかりに国会で追及していたが、柳瀬氏は繰り返し「記憶にない」（17年7月24日の衆院予算委員会）と述べ、官邸幹部も「記録は残っていない」と主張し続けた。ようやく面会の事実を認めたのは、柳瀬氏が面会の中で「首相案件」と述べたと記録された愛媛県の文書が出てきた後の、18年5月10日の衆参両院の予算委員会。学園関係者と官邸で3回会っていたと明らかにした。

「私は一貫して今治市や愛媛県の方とお会いした記憶はないし、加計学園やその関係者の方とお会いした記憶はあると。そこは一貫している」

さらに柳瀬氏は、面会自体を認めてこなかった理由について、こんな弁明をした。「今治市との関係について多数の質問があり、市の方との面談について答えた。また、愛媛県の文書の報道があったので、県の方との面談についてコメントした」

加計学園関係者との面会については、17年8月の朝日新聞の取材で問われた際に「記憶にない」と答えていたが、「(記者の質問が)よく聞き取れなかった」などと主張。「定かな記憶がないのに『必ず会った』とか『絶対に会っていない』というのはうそになる可能性があった」と釈明したうえで、これまでの答弁を「聞かれたことを一つひとつ答えて、全体像が見えなくなってしまった」と振り返った。だが、野党側から「聞かれていないから言っていないというだけで、不誠実だ」(立憲民主党の蓮舫氏)と批判を浴びた。

官邸内で首相秘書官と学園関係者が3回も面会を重ねていたことは、学園の獣医学部新設の意向について「17年1月20日に初めて知った」とする安倍晋三首相の説明を揺るがしかねない事実だが、すり替えのような答弁によって、1年近く明らかにされなかった。

国会での質問にあたっては、事前の政府側へのヒアリングなど準備の時間もかかる。政府のかたくなな姿勢から野党側はエース級の論客を投入することになり、ただでさえ人数の少ない野党は、簡単な事実確認にまで「労力の無駄遣い」(幹部)を強いられることになった。

繰り返された「誤り」の答弁

事実関係を十分に調べなかったり、あやふやな答弁をしたりして国会審議を妨害したのは、「総理のご意向」文書や、首相官邸での面会をめぐる答弁だけではない。一連の国会審議では、「一点の曇りもない」（安倍晋三首相）と強調する政府側の答弁が繰り返された。政治家らの発言が事実に即しているか、誤りがないかを検証するジャーナリズムの手法である「ファクトチェック」を用いて、政府の答弁を振り返ってみる。

「（獣医学部新設について）もともと日本再興戦略の中で、地域的な偏在があるところに限るということになっているわけであります」

（山本幸三地方創生相、17年3月28日の参院決算委員会）

誤り↓「獣医学部の新設を空白地域に限るという方針が16年11月に打ち出され、京都産業大学は新設を断念せざるを得ない状況になった」と指摘する野党議員の質問に対する答弁。国家戦略特区で獣医学部新設を検討する方針は15年6月に閣議決定された「日本再興戦略２０１５」に盛り込まれたが、そこには「近年の獣医師の需要の動向も考慮しつつ、全国的見地から検討を行う」として、地理的に限定する条件には言及していない。獣医学部の「空白地域」に限って新設を認めるという地理的な条件は、野党の質問者が指摘するように、16年11月に政府の特区諮問会議（議長・安倍首相）が打ち出したもので、これにより、同じ関西圏の大学に獣医師養成のコースがある京都府・京産大が新設を断念する一因になった。

「議事要旨については実質的には議事録だと考えておりまして、会議の終了後できるだけ早く、もちろん、てにをははあるかもしれませんけれども、議事に忠実に出すように努力している」

（佐々木基内閣府地方創生推進事務局長、17年6月1日の参院農林水産委員会）

「すべて議事録もオープンになっている。選定のプロセスについては、民間有識者も『一点の曇りもない』と述べられている」

（安倍首相、17年7月24日の衆院予算委員会）

誤り ↓「情報公開の徹底というが議事要旨しかホームページに公開されていない。なぜ議事録を公開しないのか」などと指摘する野党議員への答弁。政府は、加計学園の獣医学部新設が認められた経緯が書かれた議事録について「4年間経過後に公表」という規則を盾に開示していないが、地方創生推進事務局のトップは「てにをは」を除けば「議事に忠実に出すよう努力している」と言って理解を求め、安倍首相も議事要旨の公表を念頭に「すべてオープン」と強調していた。

しかし、17年8月、国家戦略特区ワーキンググループ（WG）のヒアリングに加計学園の幹部ら3人が同席して発言していたにもかかわらず、公表された議事要旨には記載されていないことが判明。政府側は「（学園関係者は）説明補助者で、通常、参加者として扱っていない」と釈明した。

「この内閣府から文科省に出たメールですが、作った方は直接の担当者でもありません。ただ、文科省から出向してきた方でありまして、不適切なことでありますが、陰で隠れて本省の方に御注進したというようなメールであります」

（山本地方創生相、17年6月16日の参院予算委員会）

誤り ↓前日に文科省が公開したメールの内容について野党議員が尋ねた質問に対する答弁。内閣府地方創生推進事務局から文科省行政改革推進室に送られたメールには、16年11月の国家戦略特区諮問会議を前に地理的要件を追加する修正の文面が添付され、「官邸の萩生田（光一）副長官からあったようです」と記されていた。
　萩生田氏が「文科省が公表したメールの内容は事実に反する」と否定する中、山本氏がメールを作成した職員を悪し様に言う形で萩生田氏の主張を擁護した。しかし、実際にはメールを作成した職員は、国家戦略特区について他の省庁との連絡役を務める内閣府の担当職員だった。

「加計学園の事務局の方から面会の申し入れがあり、相手方は10人近くのずいぶん大勢でいらっしゃいました。加計学園の事務局に同行された獣医学の専門家の元東大教授とおっしゃっている方が、獣医学教育に関する話を情熱的にとうとうとされた覚えがございます。面会では、メインテーブルの真ん中にいた元東大教授の方がほとんどお話しになっていて、それと加計学園の事務局の方がお話しになっておりました。そのために随行されていた方の中に、愛媛県の方や、今治市の方がいらしたかどうかという記録は残ってございません」（柳瀬唯夫・元首相秘書官、18年5月10日の衆院予算委員会）

不正確　↓愛媛県や今治市の職員との面会について「記憶にない」と否定してきた柳瀬氏が、面会を裏付ける愛媛県文書が明るみに出た後に参考人招致された際の答弁。「メインテーブルの真ん中にいた元東大教授がほとんど話をしていた」などと述べ、これまでの主張との整合性をとろうとした。しかし、愛媛県の中村時広知事は翌11日、県職員3人を含む計6人の面会者全員がメインテーブルに座り、名刺交換をしたうえで「県の職員としてしっかり発言している」と反論。主に話していたと柳瀬氏が紹介した吉川泰弘・元東大教授（現・岡山理科大獣医学部長）について、「出席していない」と明言した。柳瀬氏は「3年前のことで記憶があやふやな所、覚えていないことがあり、また私の言葉に配慮が足りなかったことで愛媛県の関係者の皆様に不快な思いをさせたのであれば、大変申し訳なかった」と陳謝した。

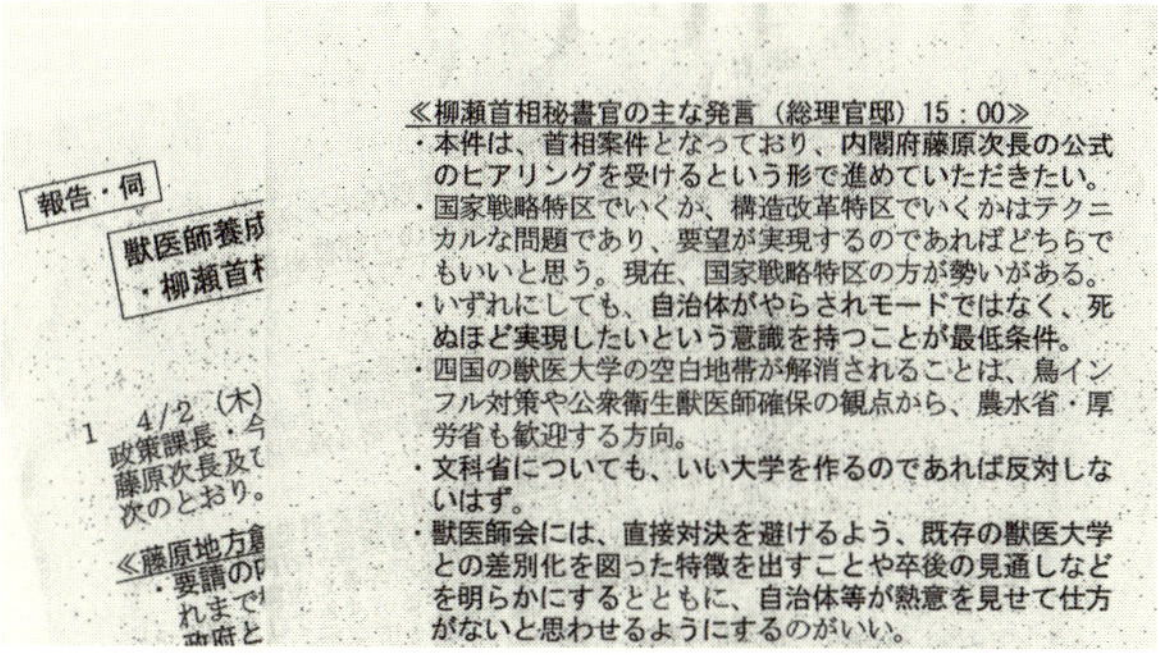
報告・伺

獣医師養成

・柳瀬首相

1　4/2（木）

政策課長・今

藤原次長及て

次のとおり。

≪藤原地方創

・要請の

れまで

政府と

≪柳瀬首相秘書官の主な発言（総理官邸）15：00≫

・本件は、首相案件となっており、内閣府藤原次長の公式のヒアリングを受けるという形で進めていただきたい。

・国家戦略特区でいくか、構造改革特区でいくかはテクニカルな問題であり、要望が実現するのであればどちらでもいいと思う。現在、国家戦略特区の方が勢いがある。

・いずれにしても、自治体がやらされモードではなく、死ぬほど実現したいという意識を持つことが最低条件。

・四国の獣医大学の空白地帯が解消されることは、鳥インフル対策や公衆衛生獣医師確保の観点から、農水省・厚労省も歓迎する方向。

・文科省についても、いい大学を作るのであれば反対しないはず。

・獣医師会には、直接対決を避けるよう、既存の獣医大学との差別化を図った特徴を出すことや卒後の見通しなどを明らかにするとともに、自治体等が熱意を見せて仕方がないと思わせるようにするのがいい。

2015年4月愛媛県が柳瀬唯夫首相秘書官との面会時に作成したとされる記録文書.「本件は，首相案件となっており」「自治体がやらされモードではなく，死ぬほど実現したいという意識を持つことが最低条件」とある.

国権の最高機関である国会の答弁には本来重みがあり、政策の事後検証にも欠かせない。議場での言葉の信用が失われれば、国会審議自体が成り立たなくなる。２０００年には、右翼団体幹部との交際疑惑や女性問題をめぐる虚偽答弁を指摘され、森内閣の中川秀直官房長官が更迭された例もある。しかし、加計問題で答弁をした閣僚や官僚は撤回・謝罪をするだけで、引責辞任や更迭はなかった。議院証言法に基づく証人喚問を除いて、国会での虚偽答弁を罰する規定はなく、責任を取るか否かの判断は政権や当事者本人に委ねられているからだ。

「国民の皆さん、新聞をよくファクトチェックをしていただきたい」

衆院選公示前の17年10月8日の党首討論会で加計問題を追及されたときにテレビ視聴者に呼びかけたのは、安倍首相だった。しかし、足元の政府答弁は揺らぎ続け、首相がこのとき検証を呼びかけた「朝日新聞は先ほど申し上げた八田（達夫・国家戦略特区WG座長）さんの報道もしておられない」「加戸（守行・元愛媛県知事）さんについては（国会で）証言された次の日には全く（報道）しておられない」という首相の発言自体も正確さを欠いていた。ファクトチェックに取り組む日本報道検証機構は、検証サイト「GOHOO」で、加戸証言について、「朝日新聞は7月10日の証言を見出しつきで報道。24日の証言も報道していた」と指摘し、首相の発言を「不正確」と判定した。

また、閣議決定された政府の見解と矛盾するような答弁もあった。

首相は加計学園の獣医学部新設計画の申請を認識した時期について、17年7月24日の衆院予算委員会から「今年1月20日」という説明を始めた。

首相と学園の加計孝太郎理事長は、首相が議長を務める国家戦略特区諮問会議で獣医学部新設の議論が進んだ16年後半に会食やゴルフを重ねていたが、その時点では認識していないとする主張だった。しかし、安倍内閣は17年4月28日、「安倍首相は、加計孝太郎理事長が今治市に獣医学部を作りたいと考えていることをいつから知っていたのか」と尋ねる社民党の福島瑞穂氏の質問主意書に、次のような答弁書を閣議決定している。

「獣医学部の新設については、平成19年11月の愛媛県今治市等からの構造改革特別区域法（略）に規定されている提案に係る説明資料において、学校法人加計学園がその候補となる者である旨記載されており、こうした提案を受けて、安倍内閣総理大臣を本部長とする構造改革特別区域推進本部において、平成25年10月11日、平成26年5月19日及び平成27年8月25日に構造改革特別区域の提案等に対する政府の対応方針を決定するとともに、平成27年6月30日に『『日本再興戦略』改訂２０１５』を閣議決定したところである」

獣医学部新設を推進した加戸守行・元愛媛県知事が「愛媛県にとっては12年間、加計ありきで参りました。今更1年、2年の間の加計ありきではない」と国会で証言したように、平成19年（２００７年）から続く一連の手続きの中で把握していたことをうかがわせる答弁書だった。また、首相自身も17年6月16日の参院予算委で、加計学園について「構造改革特区で申請されたことについては私は承知していた。その後に当然、私は議長を務めているから、国家戦略特区に申請すれば私の知り得るところになる」と答弁していた。

17年7月25日の参院予算委で、首相は過去の答弁との矛盾を民進党の蓮舫代表から追及された。「急な質問に対して、整理が不十分なままお答えした部分があった」と弁明する首相に、蓮舫氏が「文書で通告し、急な質問ではない」と指摘すると、首相は「混同があったことは、おわびをしなければならない」と過去の答弁の方が誤っていたと釈明した。

蓮舫氏は「国会を何だと思っていますか。整合性がとれなかった答弁を間違っていたと修正をしているとしか思えない」と疑問視。さらに17年4月に閣議決定された答弁書を元に矛盾を問いただした。

それでも首相は「2年前の11月の段階で私が議長を務める特区諮問会議で議論が進む中、今治市が獣医学部を提案していることは知った」とする一方、「事業主体が誰かという点について、提案者である今治市からは説明がなく、加計学園の計画は承知をしていなかった」と主張。「1月20日の認定する際に事務方から事前に説明を受けた」という説明を続けた。こうした説明に対し、蓮舫氏は「もはやまったく信頼できません」と批判した。

2　働かない立法府の行政監視機能

与党反対で動かない国政調査権

森友・加計学園問題で政府の説明は揺らいだが、首相はこう主張した。

「立証責任はそこに問題があるんだと言う方が立証するのが当然のこと。そして証拠を持《ママ》って示すことが当然のことであろうと思う次第です」(17年6月5日の参院決算委員会の議事録)

世論調査の結果を背景に民進党議員から、首相の妻、昭恵氏の証人喚問を求められた際には「その世論調査によりますと、内閣支持率は53%で、自民党の支持率あるいは民進党の支持率は、御承知のとおり(自民38・1%、民進6・7%)でございます」(17年4月12日の衆院厚生労働委員会)と、支持率が低迷する野党をあてこすりながら事実上拒む場面もあった。

首相に近い関係者の関与が取りざたされたが、国政調査権に基づき、うそをついた場合に偽証罪(3カ月以上10年以下の懲役)に問われる証人喚問の対象になったのは、森友学園の籠池泰典・前理事長と財務省の佐川宣寿・元理財局長の2人だけだ。

籠池氏の国会招致は野党側が問題発覚直後の17年2月から参考人招致を求めていて、当初は政府・

与党側が難色を示していたが、籠池氏が「昭恵氏を通じて、安倍首相から100万円の寄付をもらった」と発言し始めたことを受けて、「総理に対する侮辱だ」(竹下亘・自民党国会対策委員長)と態度を一転。証人喚問に踏み切った。佐川氏については公文書改ざんが発覚し、国税庁長官の辞任に追い込まれた末に与党側も応じた。

憲法には62条で「議院の国政調査権」として、「両議院は、各々国政に関する調査を行ひ、これに関して、証人の出頭及び証言並びに記録の提出を要求することができる」と規定。国会法や議院証言法にも、証人喚問、書類の提出要求、閣僚、省庁幹部からの説明聴取、参考人の意見聴取、議員派遣などが定められている。

これらの規定に基づいて、野党議員は国会審議で証人や参考人の招致、資料提出を求め、各委員長は「後刻理事会で協議します」とひきとっていく。

しかし、この国政調査権が実際に発動されるには、各委員会の理事会で多数会派が賛同することが必要だ。とりわけ、証人喚問や参考人招致の場合には、証人の人権に配慮するとして、全会一致で決める慣例が確立している。逆に言えば、議院内閣制であるため、政府と一体で、多数を占める与党が賛同しなければ、事実上、ブロックできる仕組みになっているのだ。

たとえば、加計学園の獣医学部新設が国家戦略特区で認められたプロセスについて「行政がゆがめられた」などと前川喜平・元文部科学事務次官が２０１７年5月に証言。政府が否定していた「総理のご意向」などと書かれた文科省の文書についても存在を認めたことから、民進、共産、自由、社民の野党4党は5月26日、前川氏の証人喚問と安倍首相が出席する集中審議を求めることで一致。民進の山井和則国会対策委員長が自民の竹下亘国対委員長に「今までの政府の説明が事実と違うとの大きな疑惑になっている。与党は説明責任を果たしてもらいたい」と要求した。

しかし、竹下氏は「(前川氏の)証人喚問は必要ない。話としては面白いが、政治の本質に何の関係もない」と拒否。集中審議については「調整が必要で即答できない」と答えた。

結局、前川氏が参考人として国会に出席したのは、要求から1カ月半が経過し、通常国会も閉会した後の17年7月10日。衆院文部科学委員会・内閣委員会連合審査会と参院文教科学委員会・内閣委員会連合審査会の閉会中審査だった。7月2日投開票の東京都議選で大敗し、内閣支持率も急落する中、安倍首相が「丁寧に説明する努力を積み重ねる」と強調。与党としても「何らかの対応をしなければならない」(竹下氏)と追い込まれた末の判断だった。

しかし、前川氏が出席した7月10日の閉会中審査では、官邸側で指摘を受けていたキーパーソンが軒並み出席しなかった。

「参考人として、和泉洋人首相補佐官と木曽功・元内閣官房参与の招致を求めたが、重要な鍵となる人にもかかわらず来ていない。総理が『情報を開示して国民に説明する』と言いながら、まったく違う動きになっている」

民進党の大串博志政調会長は衆院での閉会中審査で、2人の「当事者」の不在を批判した。

前川氏は、和泉氏から「総理は自分の口からは言えないから、私が代わって言う」、木曽氏から「獣医学部の件でよろしく」と言われたと証言。前川氏は「文科省は『無理が通れば道理が引っ込む』という感覚を持っていた」とも述べており、2人の出席は一連の経緯を検証するうえでも重要だった。しかし、与党側は、和泉氏について「上司の菅官房長官が答弁に立つ」、木曽氏についでは「民間人で日程調整が難しい」として出席を拒んだ。

閉会中審査の後も竹下氏が「前川さんの主張は何ら新しいことはない。野党の質問も『言った、言わない』のレベルにとどまった。これで予算委が必要なのかと強く意識した」と記者団に主張し、真相究明の場を設けることに後ろ向きな姿勢だった。安倍首相と和泉氏が出席した衆院予算委員会の集中審議が開かれたのは、7月24日になってからだった。

安倍首相が「腹心の友」と語る間柄で、首相が議長を務める国家戦略特区諮問会議で獣医学部新設の議論が進んでいた時期に会食やゴルフを重ねていた加計学園の加計孝太郎理事長の国会招致も野党側は求め続けていたが、与党の反対で実現していない。

18年6月19日、初めて記者会見を行った際に、野党側が求める国会招致に応じるか問われた加計理事長はこう答えた。

「私が決めることではない。お待ちしております」

与党が反対する限り、国会招致が実現することはないと考えていたのだろうか。

一方で与党側が真相解明に前向きになれば、国会の調査は一定の効果を発揮することもある。

柳瀬唯夫・元首相秘書官が加計学園関係者などと首相官邸で面会した際のやりとりが問題になっていた18年5月10日、参院予算委員会は愛媛県と今治市に、面会した際の記録文書を国会に提出するよう要請した。野党側の要望を参院自民党が受け止め、同意したからだ。

国会法104条に基づく正式な国政調査権の発動ではなかったが、愛媛県は5月21日、「旅行命令簿」

や名刺のコピーと合わせ、２０１５年４月２日に県職員らが柳瀬氏と首相官邸で会うまでの経緯や面会時のやりとりが記録された計27枚の関連文書を予算委に提出した。文書に記載されていた主な内容は次の通りだ。

- 今治市からの連絡として、（２０１５年２月の）加計学園と加藤勝信内閣官房副長官との面会で、加藤氏が「獣医師会の強力な反対運動がある」とコメント。
- 加計学園から、理事長と首相との面談報告として、15年２月25日に理事長が設置予定の獣医学部について説明。首相から「そういう新しい獣医大学の考えはいいね」とのコメント。
- 今治市と学園関係者との協議内容の報告として、理事長と首相の面会を受け、柳瀬秘書官から資料提出の指示があった。
- 15年３月の加計学園と柳瀬氏との面会について今治市から報告。柳瀬氏のコメントとして「内閣府の藤原地方創生推進室次長に相談されたい」。
- 15年４月２日の面会で、柳瀬氏が「獣医学部新設の話は総理案件になっている」と発言。

「（加計氏が）私の地位や立場を利用して何かをなし遂げようとすることは一度もなかった」などとして、17年１月20日まで加計学園の獣医学部新設計画を知らなかったとする安倍首相の発言と矛盾する記録などが、次々と明るみに出た。加計学園は「実際にはなかった総理と理事長の面会を引き合いに出し、県と市に誤った情報を与えた」と釈明したが、面会が事実であっても、架空であっても、獣医学部新設の認可を受け、県や市から多額の助成を受けることになる過程で、加計学園が何らかのうそをついていたことが判明した。

参院予算委員会は5月29日、①県と市に2015年2月25日に理事長と首相が面会したと説明し、否定することになった理由や経緯、②面会を否定するコメントの発表は理事長の指示だったか、③理事長が首相と面会することが物理的に不可能だったことを示す資料――などの提出を学園側に求めた。

学園側は6月7日に参院予算委に提出した回答文書で、「速やかに事実関係を公表すべきとの考えに至り、報道各社にファクス(で発表)した」と説明。理事長の指示の有無などについては答えなかった。

野党側は6月8日の参院予算委理事懇談会で、「内容がまったくゼロ」と批判。野党筆頭理事を務める国民民主党の川合孝典氏が、「学園には任意で説明責任を果たすという意思がまったく見られない」と指摘し、国会法に基づく国政調査権を発動して学園に資料を要求すべきだと与党側に求めた。

国会法104条は、国会が政府などに対し、必要な報告や記録の提出を求めることができ、求められた側は「その求めに応じなければならない」と定めているからだ。過去には2010年、衆参両院の予算委員会が、尖閣諸島沖の中国漁船衝突事件をめぐるビデオの提出を、那覇地検や海上保安庁に求める議決を全会一致でしたことがあった。

ただ、任意の要請に協力してきた参院自民党内にも、安倍首相に近い幹部から「これ以上、学園に要請すべきではない」という異論が出たといい、正式な国政調査権の発動には至っていない。

行政に疑義が生じても、政府と一体化した与党の反対で行使できない国政調査権のあり方に対しては、与党内からも疑問の声が上がっている。

先に紹介した小泉進次郎氏らの「２０２０年以降の経済社会構想会議」の国会改革案では、「行政の公正性に疑義が生じる場合、国会に特別調査会を設置し、国政調査権を発動することを認めるべきだ。国民の期待に応える行政監視の重要性を共有する点において、与党も野党もない」と提言。脚注で、議員の４分の１の申し立てがあれば調査委員会を設置する義務を定めたドイツの例を紹介した。

野党第一党の立憲民主党からは、より踏み込んだ案が示されている。

「橋本行革以来一貫して首相の権限が強化されてきたが、その結果として首相とその側近への『忖《そん》度《たく》』により行政がゆがめられ、国会の行政監視機能が十分に働かなくなっている。行政府が国会の国政調査権を無視する異常事態も起きており、(略)『強すぎる行政府』の暴走を抑えるには、立法府の行政監視機能を強化する必要がある」

18年7月17日にまとめられた提言は、衆参の予算委員長に野党議員が就き、野党の資料請求に政府が応じることを義務づけることなどが柱で、虚偽答弁や文書改ざんをした公務員の罰則強化、政府参考人の招致対象の拡大など、計18項目を盛り込んでいる。主な項目を紹介する。

2．国会における虚偽答弁や国会提出資料の改ざん・ねつ造の防止

●野党提出の公文書管理法改正案(公文書改ざんの罰則強化)を早期成立させる。

•国会における虚偽答弁や国会提出資料の改ざん・ねつ造を行った行政官に対する罰則を強化する。

•上記2点に緊急に取り組みつつ、公文書管理法の抜本改革に着手し、政府からの独立性の高い公文書管理機関を創設する。

4．国会に招致する政府参考人の範囲の拡大

•権限を有する者には説明責任があり、疑惑解明に必要とあれば、官邸の幹部公務員、事務次官、事件当時の担当者なども国会に政府参考人として招致すべきである。

5．国会の資料要求の適正化

•現状では、委員会の理事会において政府に資料を要求しようとしても、与党理事が反対すれば資料を要求できない。理事会において理事から資料要求があれば、資料提出に応じることとする。

6．予算委員会および決算行政監視委員会の委員長ポスト

•決算行政監視委員会の委員長には野党議員が就任する慣行があるが、予算委員会の委員長にも野党議員が就任することを新たな慣行とする。

15．国会の調査局や法制局の職員のさらなる能力向上

提言を取りまとめた山内康一・立憲民主党国会対策委員長代理は、自身のブログで、「安倍一強のもとで『何でも官邸主導』という風潮が出てきて、国会対応まで官邸主導の色合いが濃くなりました。

『強すぎる内閣』が『弱すぎる国会』を軽視し、役所が公文書を改ざんしたり、役人が国会でウソの答弁をするようになりました。こんな時期の国会改革は、『弱すぎる国会』を強くする改革でなくてはなりません」と指摘。小泉進次郎氏ら自民党側が出した国会改革案について、「総理や大臣の国会出席を減らすような提言、与野党の合意によらない委員会立てを正当化する提言など、国会の行政監視機能を弱体化させるような危険な提言が随所に見られました。政府与党に都合のよい国会改革は、改革の名に値しません」と批判した。

自民党有志が出した国会改革案では、首相の国会出席日数の多さを強調しているが、２０１１年に民主党の菅直人内閣が平日には毎日行われていた首相へのぶら下がり取材をとりやめて以降、首相に質問する公の機会は激減。首相が国会に出席する際に問いただす以外の手法が限られてきている。首相の説明責任をどのような形で担保していくのか、総合的な分析・検討が求められている。

疑惑の渦中、人事権者に

加計学園問題の発覚後、首相官邸の官僚に対する人事権が真相解明に影を落としているのではないかとの指摘もあった。

２０１７年6月19日夜、ＮＨＫの「クローズアップ現代＋」が「10／21萩生田副長官ご発言概要」と題した文部科学省の内部文書を報道した。16年10月21日に常盤豊高等教育局長が萩生田光一官房副長官に対し、説明に出向いた際のやりとりを専門教育課の課長補佐がまとめたとされるもので、文書には次のようなことが書かれていた。

●「内閣府や和泉総理補佐官と話した」

●「和泉(洋人首相)補佐官からは、農水省は了解しているのに、文科省だけが怖じ気づいている、何が問題なのか整理してよく話を聞いてほしい、と言われた。官邸は絶対やると言っている」

●「総理は『平成30年4月開学』とおしりを切っていた。工期は24ケ月でやる。今年11月には方針を決めたいとのことだった」

●「何が問題なのか、書き出して欲しい。その上で、渡邉加計学園事務局長を(文科省の担当の)課長のところにいかせる」

●「農水省が(獣医学部新設に反対していた)獣医師会押さえないとね」

事業者が公募で決まる約3カ月前で、京都府と京都産業大も京都府綾部市に獣医学部をつくる提案をしていた。その段階から官邸の中枢が「加計学園」という特定の業者ありきで国家戦略特区の調整を進めていたことを窺わせる文書で、関与を否定する安倍晋三首相の意向とされる内容も示されていた。

首相はこの日夕、国会閉会を受けて行った記者会見で、「今後、何か指摘があれば政府としてはその都度、真摯に説明責任を果たしてまいります。国会の開会、閉会にかかわらず、政府としては今後ともわかりやすく説明していく。その努力を積み重ねていく考えであります」と述べていた。「総理のご意向」などと書かれた内部文書に関する報道を「怪文書のようなもの」(菅義偉官房長官)と切り捨て、１カ月間明らかにしなかったことで批判を浴びたためで、NHK報道を受け、文科省は翌20日、「専門教育課の共有フォルダーから見つかった」と文書を公表した。

しかし、萩生田副長官は20日、「まったく心当たりのない発言を私の発言とする文書やメール」「加計学園に関連して、私は総理からいかなる指示も受けたことはない」とするコメントを発表。「(文書が)意図的に外部に流されたことについて、理解に苦しむとともに強い憤りを感じる」などとした。菅官房長官もこの日の記者会見で、萩生田副長官が否定していることを説明し、「総理はまったく関与していないと明快に申し上げている」と主張し、「詳細は文科省に聞いて欲しい」と繰り返した。

文科省も萩生田氏の主張に同調した。松野博一文科相は「副長官の発言でない内容が含まれている」と語り、萩生田氏に「大変迷惑をかけた」と陳謝したことを明らかにした。さらに、文科省の義本博司総括審議官は「半年以上も前の話で、双方記憶があいまいであり、これ以上調査しても具体的なことは確認できない」とし、詳細な調査はしない考えを示した。

この頃、文科省を初めとする中央省庁は夏の定例人事を控えていた。

「7月は霞が関の人事異動の季節。官邸で人事をつかさどっているのは誰か。内閣人事局長は萩生田官房副長官だ」

民進党の蓮舫代表は6月26日の街頭演説で指摘した。自身らへの疑惑をめぐり官僚批判をしている萩生田氏が、幹部人事を一元管理する内閣人事局のトップを担っているため、問題の解明や人事の公平性を担保できるのか、懸念を示したのだ。

内閣人事局は第2次安倍内閣下の２０１４年5月に発足した。その人事権は強大で、中央省庁の審議官級以上の約600人の人事を一元管理する。

各省庁が人事案を固めた後に官邸に諮るそれまでのやり方に代えて、まず人事局が幹部候補者の名簿を作成。その名簿に基づいて各府省の閣僚が任用候補者を選び、首相や官房長官が加わる「任免協議」を経て人事を決める。名実ともに、「官邸主導で各省庁の人事を行う」(安倍晋三首相)仕組みが整ったと言える。

内閣人事局長は内閣法21条で「官房長官を助け、命を受けて局務を掌理する」と定められ、3人の官房副長官の中から首相が指名する。当初は官僚トップの事務副長官の起用が有力視されたが、「政治主導を基本にしながら物事を進めたい」(菅官房長官)との意向で政務副長官が就任。2代目の萩生田氏は15年10月から務め、菅官房長官の補佐として、夏の省庁人事も取り仕切っていた。

萩生田氏は２００９年の衆院選で落選後、加計学園が運営する大学の客員教授として給与をもらっていた時期もある。野党側は「学園にある種、恩を感じている人が内閣人事局長だ。真実を言おうとした人が報復人事を受ける可能性がある」(野田佳彦民進党幹事長)、「こういった人を内閣人事局長においたまま真相解明なんて絶対できない」(小池晃共産党書記局長)と批判。「人事権を握っている方が疑惑の渦中にある。一日も早く(担当を)代えて欲しい」(蓮舫氏)と交代を要求した。

ある省の事務次官経験者は「官僚が自分の人事を握る官邸の意向に逆らえるはずがない」と話す。「官僚国家日本を変える元官僚の会(脱藩官僚の会)」の設立メンバーの一人で、公務員制度改革に前向きな元経産官僚の岸博幸・慶応大大学院教授も、「600人もの幹部人事を一元的に行うのは無理があり、こびる人間ほど出世するとなりかねない。萩生田氏は疑惑を払拭する説明をしてから、夏の人事を行う方が良いのでは」と朝日新聞の取材で指摘した。

しかし、安倍政権は、萩生田氏が省庁人事を担うことについて「まったくおかしくない。従来のルールに基づいて、淡々と行っていきたい」(菅官房長官)と主張。17年8月の内閣改造まで萩生田氏を人事局長に据え、菅氏と萩生田氏のもとで夏の人事を終えた。

虚偽答弁禁止の仕組みづくりを

官邸主導の政治が強まる中、事実関係に関する官僚の国会答弁の公正性を担保することも重要だ。議院証言法には「3月以上10年以下の懲役」という刑事罰が定められており、証人喚問の場で虚偽の説明をした場合には、偽証罪に問われる恐れがある。しかし、証人喚問以外の日常的な国会質問に対する答弁では、たとえ意図的に誤った答弁をしていたとしても、「おわびして訂正します」などと謝罪や撤回をすれば許されてしまう。つまり、人事権を官邸に握られた官僚にとっては、事実関係をねじ曲げようが、官邸の意に沿った答弁をした方にメリットが生まれかねない仕組みになっているのだ。

社民党衆院議員時代に「国会の質問王」と呼ばれた保坂展人世田谷区長は、2018年7月26日付の朝日新聞の言論サイト「WEBRONZA」で「虚偽答弁を禁止し、懲戒処分できる制度をつくろう」と呼びかけている。

「国家公務員のキャリア官僚が政府を代表して国会の質疑に立つ時、誠実かつ真摯に、また正確に答弁しなければならないのは当然のことだが、今回のような政権中枢にのみ誠意を尽くし、野党の国会質問や世論やメディアを見下した虚偽答弁が放置されるなら、この国の政治・行政は修復不可能なところまで堕落・失墜していく。『虚偽答弁に咎めはない』という前例は、さらに虚偽や歪曲もやり放題の国会に転じていく危惧を感じる」

１９９８年の大蔵省接待汚職事件を受けて、国家公務員倫理法の制定に携わったメンバーの一人である保坂氏は、同法を活用した改善策を提案している。国会における官僚の「虚偽答弁」を「国家公務員倫理規程違反」として禁止し、それを逸脱した者に対しては、公務員倫理審査会などが持つ立入調査、文書提出命令、証人喚問の権限を行使して審査。「虚偽答弁」と認められたときには、国家公務員法上の懲戒処分を決定する権能を与えるという内容だ。

保坂氏は寄稿の中で、自身の提案のメリットをこう分析する。

「実は、霞が関の中央省庁の官僚にとっても朗報ではないか。もし、この制度ができることで政権中枢からの有形無形の圧力で、存在したことを非存在としたり、事実を歪めて錯誤を生じさせようとする場合には、『虚偽答弁』の告発を受けるリスクを負うことになるからである。『それだけは言わせないで下さい。虚偽はダメです』と自己防衛することができるようになるからである」

虚偽、不正確な答弁や公文書の改ざんなどが相次いだ一連の森友・加計問題の国会審議を振り返り、大島理森衆院議長は18年7月31日、「民主主義の根幹を揺るがす問題であり、行政府・立法府は、共に深刻に自省し、改善を図らねばなりません」とする所感を発表した。

保坂氏は旧知の国会議員に虚偽答弁禁止の実現を働きかけており、立憲民主党が18年7月にまとめた国会改革案にも、「国会における虚偽答弁や国会提出資料の改ざん・ねつ造を行った行政官に対する罰則を強化する」という一文が入っている。与党側の動きが鈍いが、公務員倫理法をつくった大蔵省接待汚職に匹敵する事態を受けとめて、立法府を挙げた仕組みをつくることが必須だ。

歪められ、変形、変節したメディアと司法

大谷昭宏（ジャーナリスト）

ここでは少し趣を変えて「森友・加計問題」を、長年メディアに関わってきた私なりの視点で考えてみたい。ひとことで言うと、森友・加計問題は腐臭にまみれた安倍政権の実態を明らかにしたものの、結果として追い詰め切れなかった。その一方で、禍根を残す重大なことを引き起こしてしまった。それは民主主義社会に絶対不可欠な権力のウオッチというシステムを破壊しないまでも、大きく歪め、変形、変節させてしまったということではないだろうか。

変形させられてしまったと感じる権力ウオッチのシステムは二つある。一つは新聞、テレビに代表されるマスメディア。そしてもう一つは検察、それも東京、大阪の地検特捜部の捜査力に負うところが多い司法システムである。検察の変形、変節についてはあとでふれることにして、まずマスメディアである。

この問題と向き合う朝日新聞の報道が高く評価されるのは至極当たり前、異論を挟む余地はない。手前味噌になるし、いささか分野は違うのだが、私自身、半世紀近く事件報道に携わってきた。その目で見て、「きょうの朝刊のパンチで、いよいよ政権はダウンか」「このストレートが効いて、ついにタオルか」と思ったことも一度や二度ではない。だが、私の目には途中から違った光景が映ってきた。朝日の報道は、すさまじい濁流がこれでもかと頭上から降りかかる中を、息もたえだえに崖を這い

上がっていく。あるいはスポーツクライミングのボルダリングで、あと一歩というところで、つかもうとしていたホールドが外されていた。だが、気を取り直して別のホールドをつかんでは、また上を目指す。そんな景色に見えてきてしまった。

だからといって、報道に苛立つ政権が朝日に弾圧や威圧をかけたのかというと、そうではない。いや、むしろその方が事態は変わっていたかもしれない。

とはいえ、何ひとつなかったわけでもない。たとえば2017年10月の日本記者クラブでの党首討論。坪井ゆづる朝日新聞論説委員の質問を遮って、安倍首相は、朝日は加戸守行・前愛媛県知事の国会証言などを全く報道していない、と攻勢に出たのだが、坪井氏から「しています」と一蹴されている。こうした駄々をこねるようなクレームや、ちょっかいは出すのだが、それはもとより弾圧とも威圧ともほど遠いものである。

では、私の目にはハードパンチとも映る朝日の報道は、なぜ空を切り、世に怒りの渦を巻き起こすことができなかったのか。ズバリ正答とはいかないまでも、私は意外なところから答えに近いものを引き出すことができた気がしている。

先日、ある通信社から書評原稿を依頼されて熟読した『アメリカの原爆神話と情報操作――「広島」を歪めたNYタイムズ記者とハーヴァード学長』(朝日選書)が、それだ。著者の井上泰浩氏は元毎日、読売新聞記者で、現在は広島市立大学国際学部の教授をされている。

本の帯には、〈広島・長崎の無差別大量殺戮の事実を封じ込めたのは政府・軍・大学・新聞が共謀してつくりあげた、5つの神話だった。彼らは事実をどう捻じ曲げ、アメリカ国民に信じ込ませてきたのか〉とある。

アメリカ国民が今も信じている五つの神話とは何か。①原爆は民間人の犠牲を避けるため事前警告して軍事基地を破壊、②あっという間に日本を降伏させた、③結果、100万人のアメリカ国民、多くの日本人の命を救った、④慈悲深い行為であり、⑤放射線は熱と爆破に変わってほとんど影響はない――。著者の井上教授は「この神話を信じ続ける限り、アメリカは核兵器廃絶に向かわない」と断じているのである。

それにしても広島、長崎の惨禍を目の当たりにした日本国民はもちろん、世界の大多数の人々が知識として持っている核の脅威に対して、なぜ今もアメリカ国民の大半がこの幼児的ともいえる神話を信じ続けているのか。もちろんアメリカ国民に核の実態を知らせ、神話を打ち砕く機会はあった。だが、その流れを押しとどめるために原爆投下に踏み切った当時の政府が徹底的に利用し、タッグを組んだのが、ニューヨークタイムズ紙だった。

原爆投下から1年たった1946年8月、雑誌「ニューヨーカー」は、ジャーナリストのジョン・ハーシーが広島を現地取材した記事を掲載した。この中でハーシーは、女性や子どもを無差別に殺戮したのなら非人道的行為であり、原爆を使わなくても戦争は終結したのではないか、と厳しく指摘、雑誌は完売した。まさに根を下ろし始めていた原爆神話が揺らぎ、アメリカ国民が核の実態に覚醒する瞬間だったのだ。

だが、このとき政権は雑誌に対して差し止めなどの威圧的行為は一切取らず、まったく別の情報操作に打って出る。まず原爆の開発、使用の推進役だったハーバード大学の学長が第二次世界大戦勝利の国民的英雄で当時の戦争長官だった人物を担いで、「原爆投下こそが善き戦争を終結させた」とする論文を書かせるのだ。そしてこの論文をニューヨークタイムズなどが「これぞ史実」と賞賛、礼賛するのである。まさに原爆神話確立のときだった。

ニューヨークタイムズは現在、紙版で平日57万部、数百万単位の日本の朝日、毎日、読売には遠く及ばないが、2018年に公開された映画『ペンタゴン・ペーパーズ』にあるとおり、ワシントンポスト紙と並ぶアメリカの高級紙である。だがその一方で、大戦中は原爆投下からわずか5日の間に放射能の影響を否定する記事を含めて、実に原爆賞賛の記事を132本も掲載している。

『アメリカの原爆神話……』の著者、井上教授によれば、情報や意見の2段階の流れ、上流(エリート)から下流(大衆)へのまさに最上流に位置していたのがタイムズなのである。当時のアメリカ政府はハイクオリティな雑誌に目をくれることもなく、下流(大衆)に向けてあふれるほどの情報を流し続けるニューヨークタイムズとタッグを組み、以来そこに定着した原爆神話が今も生き続けている。

もうおわかりのことと思う。事態は異なるとはいえ、事実関係に迫ろうとする朝日の森友・加計問題。それを濁流に飲み込んで押し戻そうとする力。もとより読売や産経をニューヨークタイムズと同列に見ることなど論外だが、そこには非人道的行為を省みることなく、幼稚な原爆神話を作りだし、今も信じ込ませているアメリカの構図と、今日の日本にどこか通底するものがありはしないか。

「ニューヨーカー」と対峙しなくとも、にじり寄ってくるニューヨークタイムズを頼みとする。朝日に「哀れですね。惨めな言い訳」と子どもじみた憎まれ口は叩いても、面と向かって戦うことはしない。なんとなれば格落ちとはいえ、この政権には助さん格さんよろしく読売と産経が控えおろう、というわけだ。

産経は、安倍首相が日本記者クラブで「朝日は(前愛媛県知事の)加戸さんの証言を全く報じていない」と的外れなクレームをつけて一蹴される3カ月も前に当の加戸前知事をインタビュー。「今治を学生の街にしようと思った」と、20年も前の夢を語らせている。

読売は、朝日がスクープし、官房長官が「怪文書のようなもの」とした加計文書について前川喜平前文科次官が「本物」と認める直前に、「前川前次官出会い系バー通い　文科省在職中、平日夜」の記事を掲載。さすがにこんな記事は噴飯もの、まさに政権の太鼓持ち、とする批判が続出するや、「次官時代の不適切な行動　報道すべき公共の関心事」とした社会部長名の釈明とも説明ともつかない奇妙な記事を載せ、読者から「だれの関心事、何が言いたい？」と問い合わせが相次いだと聞く。

冒頭、私が「森友・加計問題は権力をウオッチするシステムを破壊しないまでも歪め、変形、変節させてしまった」と書いたのは、まさにこのことだ。少なくとも一部の偏狭的、偏執的な雑誌は別にして、メディア、とりわけ新聞はスクープの抜き合いはしても、こと権力と対峙するときは常に一丸となっていた。だが、今はどうだ。朝日、毎日、東京、そこに共同通信や主な地方紙が入ったグループ。対する読売、産経、時事通信、そこにごく一部の地方紙が加わった一団。かつてこれほどはっきり二分された構図があっただろうか。さらに言えば、たとえそうなりつつあったとしても、互いに権力ウオッチャーという自負と自覚は捨てずに持ち続けていたはずだ。

そしてもう一つ。新聞社に、あるいは政治部にそうした思惑があったにせよ、社会部、とりわけ私がかつて在籍した大阪読売社会部のような持ち場において、権力の腐敗を嗅ぎつけ、そこに司直のメスが入るとなったら、その場面には社の慮りも思惑もあったものではない。記者は他社とのスクープの撃ち合いに目の色を変える。それが記者の本質であり、失ってはならない本能のようなものである。

さきに私は、森友・加計問題は二つの権力ウオッチのシステムを破壊しないまでも大きく歪め、変形、変節させてしまったと書いた。一つは、いま書き進めてきたマスメディア。そしてもう一つが検察、それも東京、大阪の地検特捜部の捜査力に負うところの多い司法システムであるとした。森友・加計問題では、この二つが微妙に連動し、ともに変形、変節してしまったことに記者たちの不幸があったと言えなくもない。

かつてのロッキード、リクルート事件の例を引くまでもなく、司法の手が入るとなったら、助さん格さんよろしく権力にへばりついていた社もそのままでいるわけにはいかない。記者たちはきのうの友も何もあったものではない。森友、加計の悪も、時の政権の汚泥も徹底的に洗い出したはずだ。他社におめおめと抜かれるわけにはいかないのだ。そういう意味で私自身、地検、とりわけ大阪地検特捜部の変節ぶりには激しい憤りを感じ、その検察を強烈に批判することもない記者たちにも幻滅を感じている。

加計問題に関しては、一時怪文書扱いされた文書が文科省職員によって不正に持ち出されたとして、高松市の男性が公用文書毀棄容疑で東京地検に刑事告発しているが、現在までのところ地検は処分結果を出していない(2018年10月現在)。

根深い問題を抱えているのは、森友関係を捜査した大阪地検特捜部だ。森友学園をめぐっては国有地を大幅値引きした背任罪、それに公文書を改ざんした公用文書等毀棄罪、虚偽有印公文書作成罪などで大阪地検に複数の告訴、告発がなされていた。だが特捜部は、国会の喚問で「刑事訴追の恐れがある」と証言を拒否し続けた佐川宣寿理財局長をはじめ、関わっていたとされる財務省職員ら38人をいずれも嫌疑なし、嫌疑不十分として不起訴処分にしたのだ。

処分結果について、当時の山本真千子特捜部長(現・函館地検検事正)は「社会の耳目を引いている事案」として5月31日、異例の記者会見を開いた。だが「捜査を尽くし、証拠に基づいて不起訴とした」と繰り返すばかりで、佐川局長不起訴の理由をはじめ、1時間半の会見で回答拒否は実に25回を数えた。

私がこの不起訴処分について、大阪地検が司法システムを変形、変節させてしまい、そのことを批判しない記者にも憤っているというのは、実はこの会見で出た「証拠に基づいて」という文言に集約される部分が大きいのだ。いったいどの口が「証拠に基づいて」と言わせているのか。

会見内容を聞いた東京の司法記者から一様に出た言葉は「一度でもガサかけたのかよ」だった。そう、思い起こしてほしい。一連の問題で一度でも「財務省に家宅捜索」「近畿財務局を強制捜査」の記事が出たことがあっただろうか。答えはノーである。国有地値引きの背任罪の容疑がかかる近畿財務局、公用文書等毀棄罪の財務省も、地検の手によって机ひとつ開けられていないのだ。

思い出す風景がある。リニア新幹線をめぐる談合事件。談合を自発的に申告しなかったスーパーゼネコンの幹部は25回も任意出頭に応じたのに結果、逮捕された。加えて家宅捜索に次ぐ家宅捜索、いわゆる〝追いガサ〟で深夜、社員寮まで徹底的に捜索された。だが、「社会の耳目を引いている」森友・加計問題では逮捕、起訴はもちろん、家宅捜索などの強制捜査はなし。幹部は「役所同士でもあり、証拠の提出を含めて捜査に協力的だった」と理由を述べているが、それは大うそ。ここにこそ検察の変形、変節があるのだ。

果たしてどんな変節か。検察審査会への「不起訴不当」の申し立てを見込んで、あらかじめ家宅捜索を回避したのだ。言葉は適切かどうかわからないが、まことに「汚い」。２００９年の裁判員裁判の導入に伴い、司法への市民参加が大幅に拡充された。検察審査会も11人の審査員のうち8人が2回

「起訴相当」の議決をすると、強制起訴となる。これまで陸山会事件の小沢一郎元民主党幹事長やJR西日本の歴代3社長らが強制起訴となり、結果はいずれも無罪となっている。

審査会では市民審査員のために審査補助員と呼ばれる弁護士がついて、法律的な助言や審査に必要な手続きを行うことができるとなっている。審査補助員は法律のプロなのだから当然、検察が家宅捜索による押収品一覧を持っていることは知る立場である。

「起訴に必要だからこういう証拠を出してくれ」「こんな書類があるはずだ」となる。東京、大阪の地検特捜部は、それがかつて強制起訴につながったことを身に沁みて知っている。任意捜査なら「協力して提出いただいたものなので、不起訴と同時に返した」ことにできるが、家宅捜索で押収した証拠品は事件終結まで保管義務があり、強制起訴の根拠になりかねない。そんな事態は避けるに限る。スーパーゼネコンの民間人なら遠慮はいらないが、せっかく不起訴にした、いわば仲間内の高級官僚を強制起訴なんて、とんでもない。だから家宅捜索、証拠品の押収なんて愚は最初から冒さないのだ。私が検察、とりわけ東京、大阪の特捜部が司法システムを変形、変節させてしまい、それを批判しない記者たちに強烈に怒りを覚えるとしたことに、これで理解いただけたのではないだろうか。

本書では第I章「特区制度の光と影」で、構造改革特区から国家戦略特区、ボトムアップからトップダウンへ。だれひとり不正を働くわけでもなく、法を犯したわけでもないのに、摩訶不思議に物事が決まっていく。この本来の目的から乖離したシステムの変形、変節が述べられている。

一方マスメディアに目を移すと、そこでは、たとえ事件の本質、真相に迫ろうとするメディアがあったとしても、法に頼って提訴したり、弾圧、威圧する必要はない。なんとなれば頼みもしないのに自らそんな同業者に濁流を浴びせようと、にじり寄ってくるメディアがある。権力ウオッチャーのこの変形、変節ぶり。

さらには、検察がなすべきこともしない不作為。それによる司法の変形、変節。こうして私たちのまわりから「そして誰もいなくなった」。気がつけば、権力をウオッチする組織も、人も、ことごとく姿を消している。

そこにこそ、森友・加計問題が将来にわたって尾を引く、深く暗い闇がある。

ただメディアについて言えば、安倍政権の根強い支持者といわれる就職氷河期に冷水を浴びせられた中年層、いわゆる置き去りにされたといわれる人々と、果たして記者たちは真摯に向き合ったことがあったのだろうか。アメリカのトランプ大統領支持層、ドイツの移民排斥派、イギリスのEU離脱派。彼らが「民意とかけ離れている」と、ことあるごとに激しく攻撃する、いわゆるリベラルエリートと呼ばれる記者たち。そうした記者が朝日をはじめとする日本のメディアの中に存在しないと言い切れるのか——。

私たちメディアの側にも自覚、自戒しなければならないことが多々あるように思えてならないのだが、それはいつかまた別の機会に、稿をあらためて書くことができたら、と思っている。

III

崩れる公文書

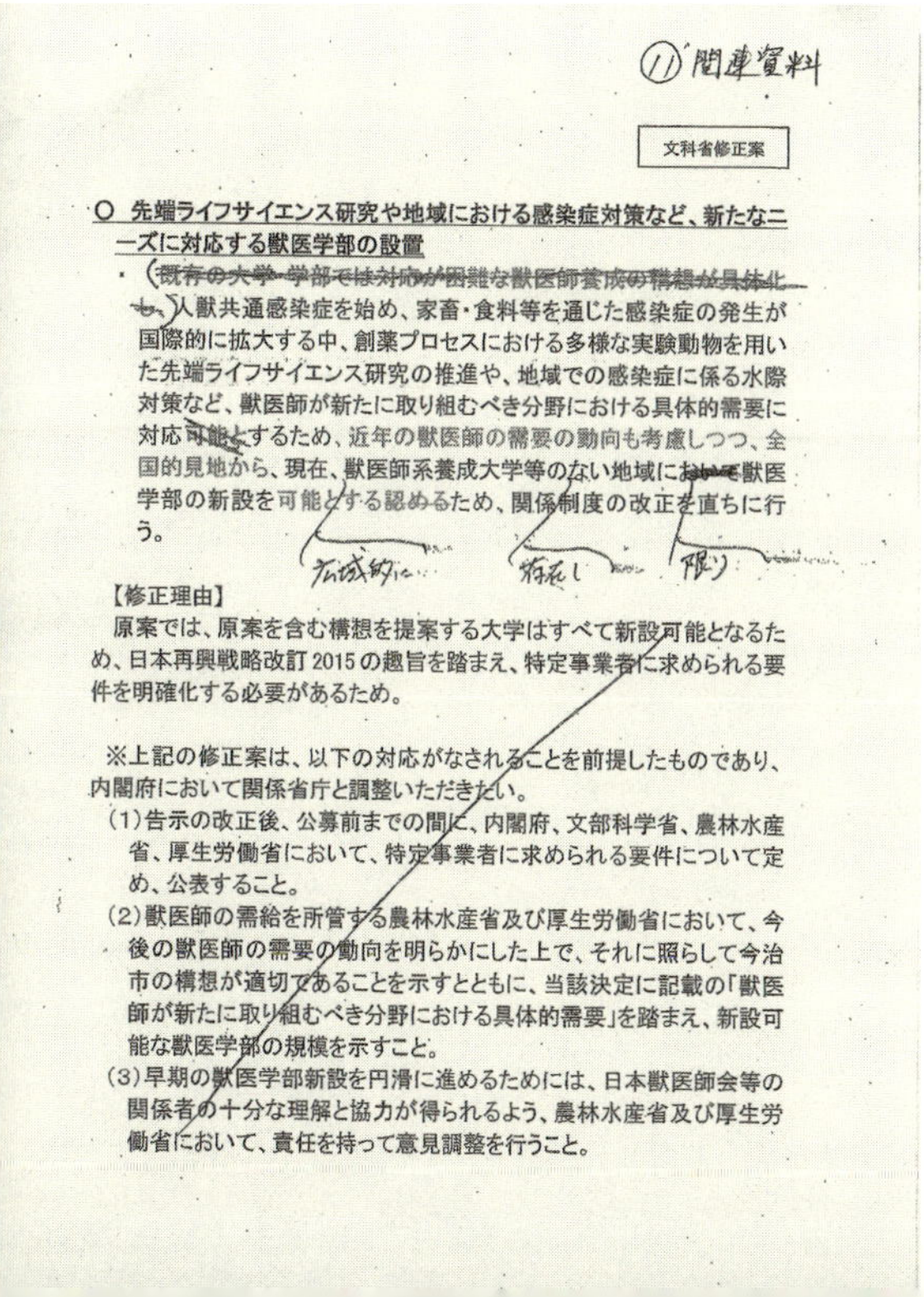

(1) 関連資料

文科省修正案

○ 先端ライフサイエンス研究や地域における感染症対策など、新たなニーズに対応する獣医学部の設置

・ ~~既存の大学・学部では対応が困難な獣医師養成の構想が具体化し、~~人獣共通感染症を始め、家畜・食料等を通じた感染症の発生が国際的に拡大する中、創薬プロセスにおける多様な実験動物を用いた先端ライフサイエンス研究の推進や、地域での感染症に係る水際対策など、獣医師が新たに取り組むべき分野における具体的需要に対応可能とするため、近年の獣医師の需要の動向も考慮しつつ、全国的見地から、現在、獣医師系養成大学等のない地域において獣医学部の新設を可能とする認めるため、関係制度の改正を直ちに行う。

広域的に　存在し　限り

【修正理由】

原案では、原案を含む構想を提案する大学はすべて新設可能となるため、日本再興戦略改訂 2015 の趣旨を踏まえ、特定事業者に求められる要件を明確化する必要があるため。

※上記の修正案は、以下の対応がなされることを前提としたものであり、内閣府において関係省庁と調整いただきたい。

（1）告示の改正後、公募前までの間に、内閣府、文部科学省、農林水産省、厚生労働省において、特定事業者に求められる要件について定め、公表すること。

（2）獣医師の需給を所管する農林水産省及び厚生労働省において、今後の獣医師の需要の動向を明らかにした上で、それに照らして今治市の構想が適切であることを示すとともに、当該決定に記載の「獣医師が新たに取り組むべき分野における具体的需要」を踏まえ、新設可能な獣医学部の規模を示すこと。

（3）早期の獣医学部新設を円滑に進めるためには、日本獣医師会等の関係者の十分な理解と協力が得られるよう、農林水産省及び厚生労働省において、責任を持って意見調整を行うこと。

2016 年 11 月の国家戦略特区諮問会議を前に，「現在，〈広域的に〉獣医師系養成大学等の〈存在し〉ない地域に〈限り〉獣医学部の新設を可能とする……」と手書きの修正が加えられた文書．

1　公文書をめぐる実態

「一連の公文書をめぐる問題により、行政全体の信頼が損なわれたことは痛恨の極みだ。行政府の長として、あらためて、国民のみなさまに深くお詫び申し上げる。『公文書は、国民共有の知的資源である』。私たちはこの原点に立ち返り、危機感を持って再発防止に全力を挙げなければならない」

２０１８年６月５日、公文書をめぐる一連の不祥事、問題を受けて首相官邸で開かれた「行政文書の管理の在り方等に関する閣僚会議」。その冒頭で、安倍晋三首相はこう述べた。

学校法人「森友学園」の国有地取引をめぐる問題では、公文書である財務省の決裁文書が改ざんされるという前代未聞の不祥事が起こった。「加計学園」の獣医学部新設問題では、そこまで極端な事例はなかったが、逆に、ふだんの「霞が関」官僚たちの公文書に対する認識の甘さが露呈する事例が目立った。公文書の定義やその扱いを定めた「公文書管理法」の趣旨を恣意《しい》的に解釈し、公文書をできるだけ残さず、公開しないようにしているかのような運用が多く見受けられたのだ。この章では、加計学園問題を中心に、「公文書」をめぐる実態を報告するとともに改善策まで見通していきたい。

公文書とは

そもそも、「公文書」とは何か。それを作り、残していく意味はどこにあるのか。最初に公文書管理法と、その制定過程をたどってみたい。

公文書管理法は、公文書を「健全な民主主義の根幹を支える国民共有の知的資源」とし、「主権者である国民が主体的に利用し得るもの」と位置づける。さらに、省庁などの「経緯も含めた意思決定に至る過程」「事務及び事業の実績」を「合理的に跡付け、又は検証することができる」ことを目的にしている。これによって行政が透明化し、国民が監視しやすくなり、政治全体に緊張感が生まれる。同法は「公文書」を定義し、その作り方や整理の仕方のほか、保存期間を設定するよう定める。

公文書は、①省庁などが作る「行政文書」、②独立行政法人や日本銀行、国立大学法人などが作る「法人文書」、③歴史的な資料として重要であり、国立公文書館に移管される「特定歴史公文書等」に分けられる。加計問題だけでなく、森友問題や陸上自衛隊の「日報」などでとくに問題になったのが、①の「行政文書」だ。省庁など行政機関の職員が(1)仕事上作ったり、得たりし、(2)組織として使うもので、(3)その時点で持っているもの――と定義される。

公文書管理法に基づいて、行政文書の詳しい取り扱いを定めた「行政文書の管理に関するガイドライン」では、政策・意思決定の際、省内や他の役所との間でどんな協議や打ち合わせをしたか、誰が決めたのかを公文書として残すよう求める。個人メモや下書き段階のメモも、「国政上の重要な事項に係る意思決定が記録されている場合などについては、行政文書として適切に保存すべきである」とする。他省庁と仕事の連絡に使った電子メールも保存が求められる。

また公文書管理法では、関連する複数の行政文書を一つにまとめ、「行政文書ファイル」を作ることも定められている。この際、ファイルの名称、保存期間なども決める。保存期間が終わった文書については、歴史資料として重要な行政文書は国立公文書館などに移され、そうでないものは事前に内閣総理大臣の同意を得たうえで廃棄する。ただ、総理大臣が一つひとつの文書を実際に見て廃棄の是非を判断することは不可能なため、実際は内閣府の公文書管理課がその役割を担っている。内閣府が毎年度公表している「公文書等の管理等の状況について」によると、各行政機関が持っている「行政文書ファイル」や行政文書は２０１６年度で約１８４０万あり、16年度に新たに作成、取得されたのは約272万。紛失も197件あった。

公文書管理法に罰則規定はないが、公文書に不適切な扱いがあれば、国家公務員法に基づき懲戒処分される可能性がある。刑法には公用文書等毀棄《きき》罪もある。

公文書管理法の成立まで

公文書管理法はどのような経緯で制定されたのだろうか。

２００７年に問題化した「消えた」年金記録、C型肝炎に関する資料の放置など、政策を決める過程で重要な資料が公文書の形できちんと記録、保管されていなかった事態が相次いで明るみに出た。厳しい世論の批判を受け、２００７年12月、自民、公明両党の議員らで構成する「公文書館推進議員懇談会」が「この国の歩みを将来への資産とするために」と題した緊急提言をまとめ、当時の福田康夫首相に提出した。緊急提言では、「公文書や記録が消滅・散逸することは、国家への信頼喪失とも言える由々しき事態を招きかねない」とし、▽文書管理法（仮称）の制定▽公文書整備対策室等の設置

▽国立公文書館の施設・設備の拡充▽国立公文書館の人員増強――などを挙げた。福田首相は当時、懇談会の議員らに「重く受け止めて対応したい」と述べ、その後、公文書管理法の制定に向けて積極的な旗振りをすることになる。
　福田氏が公文書に理解があったのには、理由がある。福田氏は朝日新聞（２０１８年６月９日付朝刊）のインタビューで、「今から30年前、日本では見つからなかった戦時中の日本の写真を米国の国立公文書館で見つけたことをきっかけに、記録の保存ということに関心を持った。立派な建物にきちんと整理保存してあるのに感動した」と語っている。

　福田氏は２００７年９月の福田内閣の発足にあたり、上川陽子衆院議員を「公文書管理担当相」に任命していた。２００８年２月には「公文書管理の在り方等に関する有識者会議」（座長、尾崎護・元大蔵事務次官）を設け、具体的な検討に入った。有識者会議が同年11月にまとめた最終報告「『時を貫く記録としての公文書管理の在り方』――今、国家事業として取り組む」は、公文書を「過去・歴史から教訓を学ぶとともに、未来に生きる国民に対する説明責任を果たすために必要不可欠な国民の貴重な共有財産」と位置づけた。公文書管理法に盛り込まれた「知的資源」という言葉もあり、この報告が同法の基礎になったことがうかがえる。

　一方、年金記録問題を掘り起こし、国会で追及していた民主党も、ずさんな公文書の管理に危機感を抱き、立法へ動き出していた。有識者会議の最終報告を受け、民主党は政府の法案提出を見越して、「次の内閣」で公文書に関する議論を開始。福田内閣を引き継いだ麻生内閣が09年３月に提出した公文書管理法案に対し、公文書の範囲が限定されていること、保存や廃棄などについて法律に書かれずに政令に任されている点が多いことなどを批判した。一方で、政権交代を狙っていた民主党は、与野党間の協議で法案に同党の主張を反映させ、政権担当能力を示したいとの思いも持っていた。党内では、国民の「共有財産」である公文書の問題を政局的な対決法案にすべきではないという意見も強かった。さらに、当時は参院で野党が多数を占める「ねじれ国会」で、与党が円滑な国会運営のために、野党に譲歩する場面も多かった。

こうした政府・与党、野党の思い、当時の政治状況が絡み合い、政府が提出した公文書管理法案は与野党間の度重なる修正協議を経て、09年6月に成立し、11年4月に施行された。

公文書の解釈

では、加計学園問題で明らかになった公文書の問題点とは何だろうか。

まず第一は、公文書の範囲を恣意的に狭め、「個人的なメモ」「個人の備忘録」「手控え」などと位置づけて、さまざまな文書を公文書ではないと解釈していることだ。内閣府公文書管理委員会委員だった三宅弘弁護士は2018年4月の日本記者クラブ主催の記者会見で、「ややもすると、文書の対象を狭くしようという考え方になる」と指摘している。

「行政文書であっても、政策の意思形成過程に関わるものであって、行政機関相互間の率直な意見交換が不当に損なわれる等のおそれがあるもの、個人のメモや備忘録は、公開しないことにしている」

加計学園の獣医学部新設について、文部科学省の課長らが、内閣府の幹部から「総理のご意向だと

「官邸の最高レベルが言っている」と言われたなどと記録された文科省の一連の文書について、同省が２０１７年６月15日に公表した追加調査の報告書には、こんな文言があった。

朝日新聞は２０１７年５月17日付朝刊でこうした文科省の文書について特報し、民進党は朝日新聞が報じた文書を含む８つの文書を国会で示した。いずれも、獣医学部新設について、国家戦略特区を担当する内閣府と、大学行政を所管する文科省内の協議内容や、当時の松野博一文科相、義家弘介文科副大臣らのものとされる発言、文科省と萩生田光一内閣官房副長官らとのやりとりとされる内容が記録されたものだ。一連の文書からは、内閣府が「総理のご意向」などの言葉で、早期の獣医学部新設を強く主張したのに対し、文科省側や萩生田氏が慎重な姿勢を見せていた、という構図がうかがえた。

だが、菅義偉内閣官房長官は同日午後の記者会見で「怪文書みたいな文書」と述べるなど、当初は文書の存在を認めなかった。その後、前川喜平・元文部科学事務次官が文書について「いずれも獣医学部の新設について、担当の専門教育課の職員から、自分が説明を受けた際に示された」と明言したり、文科省の現職職員が朝日新聞などに文書の存在を証言したりして、文科省は再調査に追い込まれた。その結果、文科省は報道されたり、当時の民進党が国会に示したりした19の文書のうち、17の文書が見つかったことを明らかにした。

この際、文科省は報告書で、一連の文書を「個人のメモ」と強調。報告書には、文書を作成した文科省の課長補佐が同省の聞き取りに対し、「自分が作った個人メモなのだろうと考えている」と繰り返し答えていたことも記されていた。

文科省や菅官房長官ら首相官邸の幹部は当初、文書の存在を認めてこなかった。だが、前川氏や文科省職員のさまざまな証言が相次ぎ、再調査で文書が存在していたことを公表した。野党からは、あくまで公文書ではない「個人メモ」「備忘録」という位置づけにすることによって、当初は公表しなかったことを正当化したのではないか、との指摘もあった。公文書のあり方に詳しい右崎正博・獨協大名誉教授(憲法)は「一連の文書を『個人メモ』『備忘録』と位置づけるのは無理がある」と指摘する(後のインタビューも参照)。

菅官房長官は朝日新聞が「総理のご意向」などと書かれた文書を報じた5月17日午前の記者会見で、文書について「作成日時だとか、作成部局だとか、そういうのが明確になっていないんじゃないでしょうか。通常、役所の文書ってそういう文書じゃないと思いますよ」と述べ、文書に、作成主体や日時が記載されていないことを問題にしていた。

しかし、情報公開を通じて行政を監視したり、制度について提言したりしている特定非営利活動法人「情報公開クリアリングハウス」によると、クリアリングハウスが情報公開請求によって取得した行政文書の多くは、作成日時や作成部局名が記載されていないという。たとえば、会議などの議事録や概要をまとめたものは、会議などが開かれた日時や出席者名などは書かれているが、文書の作成年月日や作成者名、作成部局などは書かれていないのが普通だという。三木由希子理事長は２０１７年6月1日に公表した「加計学園計画に関する文科省『記録文書』に関する意見」で、菅官房長官の発言について「公文書管理法及び情報公開法のもとで積み重ねてきた『行政文書』の概念を大幅に狭めることを意味しており、重大な問題」と指摘した。

また、「官邸の最高レベルが言っている」という文言があった「藤原内閣府審議官との打合せ概要（獣医学部新設）」という文書には、内閣府と文科省の協議の日付、時間、出席者名、協議内容が詳細に書かれており、菅長官の言う「役所の文書」の要件は満たされていた。そこには、内閣府側が獣医学部の早期新設を「『できない』という選択肢はなく」「早く政治トップの判断に持っていく必要あり」などと発言したとも書かれている。

前述したとおり、公文書管理法は公文書の一つである「行政文書」の定義を「行政機関の職員が職務上作成し、又は取得した文書であって、当該行政機関の職員が組織的に用いるものとして、当該行政機関が保有しているもの」とする。文科省の報告書によれば、この文書は「課長補佐」が作成し、文科省の専門教育課の「共有フォルダ」に保存されていたもので、いずれも行政文書の要件を満たしている。それでも、「個人メモ」だというのだろうか。

文科省の義本博司総括審議官は2017年6月15日、調査結果の発表の際、記者から「共有フォルダーにあった文書が、報告書には『個人メモ』と書いているが行政文書という認識でいいのか」と問われ、「行政文書かどうかは、それが保存されている形状とか共有状況とかで個別に判断しないといけないので、一概にこれが行政文書かどうかという話は……」と明言しなかった。さらに、記者が「共有フォルダーに入っていたとしてもか」と詰めると、次のように答えた。

「組織的に用いるというふうな蓋然性があるという意味で、職員間で共有しているフォルダについては、入っていれば行政文書であるという判断はある。個別の判断だが、ある。ただ、職員が作成した意識としては、先ほど申したように、あくまでも大臣レクとか、上司へ説明するための個人的な備忘録、メモとして作成したという認識を示しているので、作成者の意図と、保存状態としての今あるものが行政文書かどうかは少し議論があると思うが、一般論としていえば、共有フォルダに入っている場合には行政文書になるような蓋然性が高いと思われる」

歯切れは悪いながらも、行政文書に当たる可能性を認めたものだ。

しかし、その後の文科省の対応はこうした認識とは正反対のものだった。加計学園の獣医学部新設をめぐる文書の管理が不適切だったとして、松野博一文科相は2017年7月4日、監督責任を問い、戸谷一夫事務次官、小松親次郎文科審議官、常盤豊高等教育局長の3人に口頭で厳重注意した。文科省は「共有すべきでない個人メモがフォルダやメールで共有され、外部に流出したため」と説明したが、どの文書の管理が不適切で、処分の対象となったかは明らかにしなかった。文科省人事課は「共有すべきでない個人のメモを共有した。トータルとして適切でない面があった」と理由を説明したが、文書のどれが個人メモに当たるかについては「お答えできない」と答えた。

獣医学部新設をめぐる文書に対しては、保存や公開の対象になる公文書管理法上の「行政文書」に当たるのではないかと国会でも議論になっていた。それなのに、どの文書が厳重注意の対象になったのかを明らかにしないままでは、本来、行政文書とされるべきものが「個人メモ」と恣意的に認定され、厳重注意とされた可能性がある。

これに対し、情報公開クリアリングハウスは7月6日、三木理事長名で「不当・不正であり厳重に抗議する」と厳しく批判する内容の声明を発表。声明では「文部科学省による行政文書該当性の判断が極めて恣意的であり、情報公開法及び公文書管理法の信頼性そのものを根底から覆すものが含まれ、到底容認できない」とした。一連の文書の中には、明らかに公文書の要件を満たしながら、作成した課長補佐が「個人メモ」だとした例もあっただけに、声明では「作成当事者が個人メモだと認識しているならば、利用のされ方に関係なく個人メモであると組織的な指示をしたに等しい。これは法律上の行政文書の定義に違反しているだけでなく、文科省の管理する行政文書をこの基準で選別し、情報公開請求に対する行政文書の特定でも除外をすると表明したのに等しい」と指摘。「文科省の行う公文書管理も情報公開請求に対する対応も、信頼できないと言わざるを得ない」と批判した。

公文書か「個人メモ」か

加計問題を通じては、公文書の「個人メモ」化が、地方自治体で起こっていた実情も浮かんだ。

加計学園の獣医学部新設について、２０１５年4月、愛媛県や今治市の担当課長、学園事務局長が柳瀬唯夫首相秘書官らと面会した際、愛媛県が作成した記録文書の存在が18年4月に明らかになり、朝日新聞が特報した。文書は「獣医師養成系大学の設置に係る内閣府藤原次長・柳瀬首相秘書官との面談結果について」という題名で、２０１５年4月13日の日付が記されている。そこには、柳瀬氏が面会で「本件は、首相案件となっており、内閣府藤原次長の公式のヒアリングを受けるという形で進めていただきたい」と発言したと記録。また、「自治体がやらされモードではなく、死ぬほど実現したいという意識を持つことが最低条件」と述べたとも書かれていた。文書を作成したとみられる愛媛県の「地域政策課」の表記もあり、面会時間なども記録されていた。

この文書について、愛媛県の中村時広知事は、県職員が知事への報告のために作った「備忘録」だと認める一方、文書は報告用に作った「メモ」であり、公文書ではないとし、庁内では存在を確認できないとした。「何かが決まればきっちり公文書として残す」と述べつつも、今回の文書は「メモで保存義務がない。不必要と判断したら廃棄する」とも説明した。

しかし、「知事への報告」という公務のために県職員が作成しているし、作成者の部分に「地域政策課」と書かれているのだから、組織として活用していたことは確実で、公文書管理法上の定義をそのまま当てはめるとすると、公文書に当たる可能性は高い。これについては、栃木県の福田富一知事が記者会見で、「栃木県が作った文書なら(公文書に)含まれる可能性はある」と言及するなど論議を呼んだ。

中村知事も「(文書をめぐる県の対応が)非常に分かりにくいという声も頂いている」として、「愛媛県公文書の管理に関する条例」案を２０１８年６月の定例県議会に提出し、７月に可決された。基本的には、公文書管理法に沿った内容で、公文書の定義を「職員が職務上作成し、又は取得した文書であって、組織的に用いるものとして保有しているもの」とし、公文書の作成については、軽微なものである場合を除き、県における意思決定に至る過程や県の事務・事業の実績を合理的に跡付け、検証することができるようにしなければならない、とする内容になっている。

総務省の最新の調査によると、２０１７年10月１日現在で、公文書管理条例が制定されている都道府県は東京、鳥取、島根、香川、熊本の５都県。今回の愛媛県を入れても、まだ全国的には少ないとみられている。公文書をどう扱うかは、中央省庁だけでなく、地方自治体でも問われていることが、加計問題を通じて浮かんだ。

このほかにも、公文書の定義が極めてあいまいだと言わざるを得ない事例があった。

林芳正文部科学相は２０１８年４月20日、愛媛県や同県今治市の職員らが15年４月２日に柳瀬唯夫首相秘書官と面会するという予定を記したメールが見つかったことを明らかにした。内閣府から文科省に送信されたメールを印刷したものが、文科省の調査で確認されたという。梶山弘志地方創生相は同日、メールの存在は確認できなかったが、当時の担当職員が「記憶はないが、自分が作成・送信したものと思われる」と話していることを明らかにした。メールには「本日15時から柳瀬総理秘書官とも面会するようです。概要は後でまとめてお送りします」とあった。メールには、機密性を示す「機2」という表示があった。

それなのに、内閣府の担当者は「行政文書だと言い切る、(そう)でないと言い切る、いずれも難しい」と判断を避けた。「機密」なのに、行政文書だと断定できない――。「霞が関」の中で、公文書のありようが、政権側に都合よく、極めてずさんに運用されている可能性をうかがわせる事例だ。

議事録と「説明補助者」

加計学園の獣医学部新設をめぐって浮き彫りになったのは、「公文書」か「個人メモ」かという定義の問題だけではない。公文書管理法は「行政機関における経緯も含めた意思決定に至る過程並びに当該行政機関の事務及び事業の実績を合理的に跡付け、又は検証することができるよう、処理に係る事案が軽微なものである場合を除き、次に掲げる事項その他の事項について、文書を作成しなければならない」と定める。しかし、こうした法の根幹が、実行されていないのではないか、という疑念を抱かせるような事実が明らかになった。

加計学園は「国家戦略特区」という安倍政権下でできた新しい制度を使って、愛媛県今治市に獣医学部を新設しようとしていた。この特区の具体的な制度設計の検討などを行うのが、有識者で構成する「国家戦略特区ワーキンググループ」(WG)だ。公開されているこのWGの議事要旨の作り方をめぐって、いくつもの問題が浮上した。

一つは、議事要旨から特定の発言を削除していたことだ。2015年6月5日、WGは愛媛県や同県今治市から獣医学部新設について具体的な提案を聞き、質疑を行った。実はこのとき、加計学園の関係者も出席していたのだが、後に公開された議事要旨に学園側が出席したことや、その発言が一切載っていなかったことが明らかになったのだ。

特区の手続きに携わった政府関係者は、一様に国会答弁などで、国家戦略特区での獣医学部新設は「加計学園ありきではなかった」などと述べている。しかし、加計学園の獣医学部新設が正式に認められた2017年1月より、約1年半前の15年6月の時点で、すでに加計学園の関係者から意見を聴いていたとするのなら、こうした説明も大きく揺らいでくる。

また、WGの八田達夫座長は獣医学部新設をめぐる一連の手続きやWGの議事内容について「一点の曇りもない」と繰り返し発言していたが、加計学園側の出席の事実や発言を意図的に議事要旨に載せていなかったとすれば、「一点の曇りもない」という説明は根底から覆る。朝日新聞の取材によると、このとき出席していた加計学園の関係者は、後に獣医学部長に就任した加計学園系列の千葉科学大の吉川泰弘教授。吉川教授自身も朝日新聞の取材に「オブザーバーというか、補足説明ということで行った覚えがある」と答えた。

朝日新聞がこうした事実を報じた2017年8月6日、八田座長はコメントを発表。「今治市が、独自の判断で、説明補助のために加計学園関係者(3名)を同席させていました」としたうえで、「特区WGの提案ヒアリングでは、通常、こうした説明補助者は参加者と扱っておらず、説明補助者名を議事要旨に記載したり、公式な発言を認めることはありません。6月5日のヒアリングでは、非公開との前提で、提案者以外の者(加計学園関係者)の非公式な補足発言も認めていましたが、議事要旨の公開に際しては、通常どおり、提案者以外の発言は掲載しませんでした」と説明した。

ただ、「説明補助者」についてはWGの運営要領に記載がなく、審議内容についても「座長は、ワーキンググループの内容等を適当と認める方法により、公表する」とあるだけだ。また、加計学園は愛媛県や今治市とともに国家戦略特区での獣医学部新設のいわば「当事者」であり、「利害関係者」だ。これだけ重要な出席者の発言をなぜ載せなかったのか。また、八田座長らが「一点の曇りもない」と言うのなら、「説明補助者」であることを明示したうえで、加計学園の発言も公表すべきではなかったか。

さらに、この議事要旨では、作成の過程で特定の部分が削除されたために、意味がまるで逆になる部分があった。当時の民進党の「加計学園疑惑調査チーム」の会合では「捏造だ」という指摘まで出た。

問題の部分は、藤原豊内閣府地方創生推進室次長と山下一行・愛媛県地域振興局長とのやりとりだ。

公開された議事要旨には次のようにある。

藤原次長　「議事内容は公開の扱いでよろしゅうございますでしょうか」

山下地域振興局長　「はい」

ふつうに読めば、この日の議事内容の公開に山下氏が同意している内容だ。しかし、のちに明らかになった「議事録」では、実際のやりとりはこうだった。

藤原次長　「議事内容は公開の扱いでよろしゅうございますでしょうか」

山下地域振興局長　「済みません。諸般の事情によりまして、非公開でお願いできたらと思っておるのです(略)」

八田座長　「わかりました。ただし、提案なさっていること自体は議会の方も御存じですね」

山下地域振興局長　「はい」

明らかに山下氏は非公開を求めている。それなのに、議事要旨では、最初の質問と最後の「はい」しか公開されていないため、意味がまるで違うやりとりになってしまっているのだ。これについて、八田座長は2017年8月25日に出したコメントで「提案者が非公開を希望しても希望を無視して公開されることがあるとの誤解を防ぐ観点から、非公開を希望していたやりとりは議事要旨では掲載しないこととしていました」と説明した。

国家戦略特区での獣医学部新設のプロセスを追ううえで、極めて重要な公文書である議事要旨に、記載すべきことが記載されず、実際のやりとりとはまったく異なる趣旨のやりとりが記載される――。「一点の曇りもない」と強調する政府側の説明は本当なのだろうか。こうした疑問点は、この審議内容をすべて記録した「速記録」が明らかになれば解消できるが、議事要旨を作成した時点ですでに廃棄されたことも明らかになった。公開するのは議事要旨だったとしても、これに疑問が持たれた場合は速記録と照合すれば、解消できる可能性がある。公文書管理法も「行政機関における経緯も含めた意思決定に至る過程並びに当該行政機関の事務及び事業の実績を合理的に跡付け、又は検証することができる」ために文書を作成するよう求めている。一連のＷＧの対応は、公文書管理法の精神から大きく外れるものではなかっただろうか。

文書の廃棄・改ざん、保存期間

加計学園問題だけではなく、安倍政権下では、各省で公文書をめぐる問題が頻発している。

森友学園をめぐる国有地取引問題では、安倍晋三首相の妻昭恵氏が同学園が開設をめざした小学校の名誉校長だったことなどから、不当な値引きがあったのかどうかが問われた。だが財務省は、国会で国と学園側との交渉を記録した文書を「廃棄した」と繰り返し答弁し、会計検査院が２０１７年11月、文書の廃棄で「会計経理の妥当性について検証を十分に行えない」と指摘するに至った。さらに、２０１８年３月２日付朝刊での朝日新聞のスクープで、財務省が取引に関する決裁文書14件を問題発覚後に改ざんしていたことも明るみに出た。２０１８年3月に財務省はこの事実を認め、その理由を国会答弁に合わせるためとした。改ざん前の文書には、昭恵氏の名前や複数の政治家側による照会の経緯が記載されていた。文書の廃棄や改ざんで、取引の経緯の検証が妨げられていた。

森友問題では、公文書を保存する「期間」も問題になった。学園との交渉記録は保存期間「1年未満」に分類され、短い期間で捨てられていた。「行政文書の管理に関するガイドライン」は、歴史的資料として大事な公文書の保存期間を「1年以上」と定めるだけだが、財務省はガイドラインに基づいて作る省の文書管理規則の下に、さらに「細則」を作成。事実上、1年以上の保存期間の文書に当たらなければ、1年未満で捨ててよいとしていた。他省庁も同様の運用をしており、事実上、官僚の判断に委ねられていた。

２０１７年4月4日の衆院総務委員会では、森友学園をめぐる国有地の取引に関する財務省の文書について「1年未満」で廃棄された文書が問題になった。三木亨財務大臣政務官は「1年未満というルールにのっとって廃棄された文書は、保存されている文書、最終的には決裁文書の形で組織のもとに組織の意思決定として残されている分のもとになったものであり、その意思決定の過程や概要は残されておる決裁文書の中に集約されている」と答弁した。これに対し、質問した民進党の逢坂誠二氏は「そこが問題だ。(決裁文書の)もとになるメモが残っていなければ、何の情報を取捨選択したのかがわからない。役所に都合のいい情報だけが残されていると疑われても仕方がない」と指摘した。結局は、その決裁文書ですら改ざんされていたことが明らかになった。２０１７年12月に改正された新ガイドラインで、1年未満で廃棄することができる文書の類型が具体的に示されたが、実効性が伴うかどうかが問われる。

政府の憲法や法律の解釈を担当し、かつては「法の番人」と呼ばれた内閣法制局も、行政文書の解釈を誤っていた。集団的自衛権の行使を認めた２０１４年7月の閣議決定に関連し、国会での審議に備えて作成した想定問答について、朝日新聞は２０１６年2月17日付朝刊１面で、その存在をスクープし、関連するすべての想定問答を公開するよう求めた。しかし、横畠裕介法制局長官が最終的に了承していなかったことなどを理由に「想定問答はできあがらなかったものであり、組織的に用いるものではない」として、公開すべき行政文書ではないと主張した。こうした法制局の主張に対し、総務省の「情報公開・個人情報保護審査会」は２０１７年1月、「行政文書に該当することは否定できない」と答申し、「開示決定等をすることが相当」と法制局に通知。これを受けて法制局は、朝日新聞に文書を開示した。公文書に関する「霞が関」の極めてずさんな現状が浮き彫りになった。

防衛省も、南スーダンＰＫＯに派遣された陸上自衛隊の部隊が作った「日報」が同省内にあったのに、開示請求に対して「ない」と繰り返した。だが、防衛省は２０１７年2月、日報の存在を公表。自衛隊の海外での活動についての資料が一時、「ない」ことにされていた。安倍首相は憲法9条を含めた憲法改正を掲げている。改正の焦点になる自衛隊に関する情報が正しく公開されずして、国民がどうして改憲への賛否を決めることができるだろうか。

「局長や事務次官クラスの方とお会いすると、『いやあ、あんな法律があるとは忘れてた』というのが、だいたいみなさんのご意見だった」。内閣府の公文書管理委員会委員だった三宅弁護士は２０１

8年4月の日本記者クラブでの記者会見で、こんなエピソードを語った。公文書をめぐる霞が関の一連の不祥事や問題を併せて考えると、公文書管理法の精神が、各府省の官僚たちに根付いていないと言わざるをえない。

公文書管理法案を可決した2009年6月の参院内閣委員会での付帯決議では、「軽微性を理由とした文書の不作成が恣意的に行われないようにするとともに、文書の組織共用性の解釈を柔軟なものとし、作成後、時間を経過した文書が不必要に廃棄されないようにすること」とうたわれている。さらに、将来、同法の見直しをする際には「行政文書の範囲をより広げる方向で行う」とされている。つまり、公文書管理法が成立した当時は、恣意的に文書が捨てられないようにするほか、行政文書の定義をより広く取る方向で議論が行われていたのだ。こうした法制定時の精神に立ち返り、より正確で、より多くの公文書を残すことが必要だ。

一連の問題で浮上した、公文書をめぐる根本的な問題点とは何だったのか。

安倍晋三首相は2018年6月5日の「行政文書の管理の在り方等に関する閣僚会議」でこんな「決意」を述べていた。

「『何が問題だったのか』、反省すべきは真摯に反省し、公文書管理の適正を確保するために必要な見直しを、政府を挙げて、徹底的に実施してまいる。公文書は国民と行政とをつなぐ最も基礎となるインフラ、いわば両者の接点というべきもの。大切なことは、政府職員一人ひとりが、このことを肝に銘じること。そして、自らが、国民への説明責任を果たしながら我が国の歴史をつむぐ最前線にいる、そうした立場にあることを胸に刻んで、公文書管理に対するコンプライアンス意識を高める、そして、それを徹底することである」

安倍内閣はこの「決意」通りに、根本的かつ、具体的な改革に踏み込んだのだろうか。加計学園問題を中心に、森友問題まで含めて検証してみたい。

2　必要な見直し

横行する「個人メモ」

まず、「公文書の定義」に、官僚の解釈の余地を極力残さないようにできるかが大きな焦点だった。加計問題などでは、明らかに公務として作られた文書が「個人メモ」「備忘録」「手控え」などと勝手に解釈され、公文書ではないとされてしまう事例が相次いでいた。公文書管理法は、公文書を「行政機関の職員が職務上作成し、又は取得した文書であって、当該行政機関の職員が組織的に用いるもの」などと定義するが、保存や公開を免れる方法として、極端に狭く解釈する例が目立った。

こうした点について、政府・与党はどう対応したのか。

「与党公文書管理の改革に関するワーキングチーム」は2018年4月27日に出した「中間報告」で、「個人メモ」の安易な解釈について「意思決定の経緯に関する文書が『個人メモ』との位置づけの下で、廃棄されたり、開示されないということがあってはならない」という、まっとうな問題意識を示していた。

その一方で、「情報公開に当たって不必要な誤解を招くことのないよう、組織的に必要な内容確認を行う」との考え方も示した。7月6日に出されたワーキングチームの「最終報告」でも、「組織的な確認、検討を経ない職員個人限りの文書が混在していると、政府の組織的な意思決定過程等の理解をミスリードすることになりかねず、組織的に用いられた公文書と職員個人限りの資料が混在した状態は厳に避けるとともに文書の実態と形態を揃えて、適切な場所に保存しなければならない」とした。しかし、これでは、組織に都合の悪い文書があった場合、意図的に「組織的確認」の対象から外したり、逆に、組織の決定として「個人メモ」と分類してしまったりする余地が広がってしまう。

政府も、最初からこの公文書の定義を見直す意思はなかったようだ。「行政文書の管理に関するガイドライン」の改正案に関して、第三者の立場から有識者らが調査したり、審議したりした2017年12月の内閣府の公文書管理委員会では、内閣府の畠山貴晃公文書管理課長が「そもそも公務員が作成した文書について、全て行政文書とすべきではないか、という御意見もいただいた。これについては、今回は法改正を行うということではなく、現行の公文書管理法の考え方をもとにガイドラインを改正していくということであり、現行の行政文書の定義を変更することはないということで考えている」と説明していた。実際、安倍首相が2018年7月20日の「行政文書の管理の在り方等に関する閣僚会議」で「一連の公文書をめぐる問題に対する再発防止のための取り組み」と位置づけた政府の文書「公文書管理の適正の確保のための取組について」では、「まずは、各府省において行政文書の作成・保存から廃棄までの各段階における新たなルールの遵守を徹底することが求められる」と抽象的に書くのみで、行政文書の「個人メモ」化に対する具体的な言及はない。与党が「中間報告」で言及していた「個人メモ」への懸念にも直接答えないものだった。

「個人メモ」問題について、右崎正博・獨協大名誉教授は、公文書の定義の中の「組織共用性」に着目する。公文書管理法は、公文書のうち「行政文書」の定義の一つとして「行政機関の職員が組織的に用いるもの」とする。右崎名誉教授は、この「組織共用性」が問題だと指摘。「組織で共用していないから、『個人メモ』だという言い逃れを許している。定義の『組織共用性』の部分を削除し、職員が職務上作成し、行政機関が保有しているものなら、すべて行政文書になる、という法改正が必要だ」と提言する。

公文書が「健全な民主主義の根幹を支える国民共有の知的資源として、主権者である国民が主体的に利用し得るもの」(公文書管理法)である以上、与野党が政局的な思惑を越えて協議し、公文書のあいまいな扱いを許さない合意を得る努力をすべきではないか。

公文書の「保存期間」

文書の「保存期間」の問題もあった。

学校法人「森友学園」との国有地取引をめぐる文書の改ざんや廃棄に関して財務省が2018年6月4日に公表した調査報告書によれば、17年2月、佐川宣寿理財局長が「文書管理のルールに従って適切に」といった考えを部下に伝え、これを聞いた中村稔理財局総務課長は、政治家ら関係者との「応接録を廃棄するよう指示された」と受け止めたとされる。財務省の矢野康治官房長は、佐川氏の指示について「法令上の問題はなく、むしろ、順守だったかもしれない」とまで述べた。

歴史資料として重要な「歴史公文書等」に当たらない文書について、公文書管理法は、保存期間満了とともに廃棄しなければならないと行政機関の長に義務づける。2011年4月に財務省が作った文書管理規則細則によれば、歴史公文書等に該当しない行政文書の保存期間は「1年未満」とされている。つまり、官僚が「保存期間1年未満」と定めた文書は歴史公文書等ではなく、ルール上は、1年未満でありさえすれば、いつでも廃棄してよいことになる。

この点について、内閣府の畠山貴晃公文書管理課長は2017年8月30日の公文書管理委員会で、「公文書管理法施行令8条3項というものがあり、『行政文書が歴史公文書等に該当する場合には、1年以上の保存期間を設定しなければならない』という規定がある。(行政文書の管理に関する)ガイドラインにもこの趣旨と同様の趣旨が記載されている。したがって、歴史公文書等に該当されるという文書については、1年以上の保存期間が求められることになる。歴史公文書等に当たらないと判断される文書については、1年未満と設定することがあり得る」と説明した。だが、その一方で、「どういう文書を1年未満とする、ということについての基準等はガイドラインにも書いていないし、各府省の文書管理規則にも書いていない」とした。さらに、「各府省では、文書管理規則の下に細則、あるいは取り扱いのガイドラインみたいに、ルールという形ではなく決めているところもある。そうした各省共通の文書管理規則の下位の取り決め方針みたいなものを定めて、1年未満の文書について何らか記載している場合がある」という運用の実態を明らかにした。

つまり、保存期間「1年未満」の文書は公文書管理法はもちろん、内閣総理大臣が決定する行政文書の管理に関するガイドライン、各省の文書管理規則にも直接の定めがなく、実際は、各府省が「ルールという形ではなく」、さらに下位の取り決めのようなものを作って決めているというのだ。

こうした実態から、森友学園に関する応接録は、財務省内部のルールで「1年未満保存(事案終了まで)」と定められていた。理財局は2017年2月になって、この事案終了日を2016年6月20日と「整理」。この結果、応接録はその時点で半年以上前に廃棄されていなければならない存在となり、「文書管理の徹底」の名のもとで廃棄が進められた。

南スーダンに派遣された陸上自衛隊の日報の保存期間も「1年未満」にされていた。2016年12月、省内のシステムに日報が載っているのを知った防衛省陸上幕僚監部の部長が「適切な管理」を部下に指導し、その結果、廃棄された。日報は当時、「用済み後破棄」と指定されており、職員は「適切な管理」を「破棄」と解釈したようだ。

こうした実態を受け、2017年12月に改正された行政文書の管理に関するガイドラインでは、「1年未満」保存となる文書の類型を例示するなどし、それ以外については、どんな業務に関するものを廃棄したのか記録し、一定期間ごとに公表することを新たに定めた。それでも、根本的な1年未満の文書廃棄の横行を防ぐためには、文書の保存期間を「1年未満」に設定することを原則として禁止したり、廃棄の是非を外部の目でチェックできたりするような制度改正が必要だ。

しかし、一連の問題を受けて設けられた「行政文書の管理の在り方等に関する閣僚会議」の6月5日の安倍首相の指示にも、2018年7月20日に発表された「公文書管理の適正の確保のための取組について」にも新たな言及はなかった。

自動的に捨てられる「メール」

府省内や府省間の連絡に日常的に使われる電子メールが一部で、自動的に廃棄されていたことも問題になったが、ここにも手はついていない。

安倍首相は2018年1月の国会答弁で「電子メールについても文書の作成、または取得の状況などを総合的に考慮して(行政文書かどうか)実質的に判断することが必要だと考えている」と述べた。だが、日々飛び交う膨大な数のメールや電子データについて、公務員が一つひとつ行政文書に当たるかを判断するのは現実的ではない。その結果、多くのメールが行政文書として扱われず、一定期間で廃棄されるなどの例がある。

こうした点を解決するためには、保存に物理的なスペースが不要なメールなど電子データについて、人間の判断を経ることなく、自動的に全部を保存しておくといった運用も考えられる。米政府はすべてのメールを一定期間保存し、とくに幹部職員のメールについては永久保存する「キャップストーン・アプローチ」という運用を導入しており(詳細は本書「公文書管理先進国アメリカの国立公文書館を訪ねる」を参照)、国民民主党の玉木雄一郎共同代表も2018年5月の衆院予算委員会で直接、安倍首相に提案していた。

与党のワーキングチームも、同じような問題意識を共有していた。2018年7月6日の「最終報告」では「政府への新たな申入れ事項」の中で、「行政機関の職員は、日々無数かつ様々な内容の電子メールを取り扱っており、保存すべきか否かの判断が適切に行われなかったり、職員の自発的な対応のみに委ねたのでは、必要なメールの共有フォルダ等への保存作業が後回しになったり、保存すべき電子メールが共有フォルダ等に保存がなされないリスクが回避できない」と問題点を指摘。さらに「一定時期がきたら自動で廃棄するシステムは今後使用しないこと」と提言していた。にもかかわらず、20日の「取組」に具体策は盛り込まれなかった。安倍内閣は、自らを支えている与党の自民党や公明党の意見すら取り入れなかったことになる。

違反時の「罰則」

公文書管理法に違反した公務員に刑事罰を科すことができるよう法改正すべきかも焦点の一つだった。

公文書管理法に刑罰の定めはない。刑法には虚偽公文書作成や公用文書等毀棄、公文書偽造・変造などの罪があるが、財務省が森友学園との国有地取引をめぐる決裁文書を改ざんしていたのに、大阪地検は「文書の効用を失ったとは言えず、うその文書を作ったとは認められない」と判断。告発された財務省幹部の全員を不起訴にした。内閣府公文書管理委員会委員だった三宅弘弁護士は「刑事罰のようなものも、刑法とは別の観点から考える余地もあるのかもしれない」と話す。

罰則の新設に対しては、「公務員が文書を作らなくなるのではないか」と心配する声もあるが、公文書を意図的に改ざんしたり、廃棄したりしても、刑罰もなく、免職にもならない現状には識者から批判もある。この点については、7月20日の政府の「取組」の中で、人事院が「刑法上の罰則には必ずしも当たらない行政文書の不適正取扱事案についても懲戒処分の対象となることを明確化し、中でも、決裁文書の改ざんや行政文書の組織的な廃棄など、特に悪質な事案については、免職を含む重い懲戒処分が行われることを明示する」方向で検討を進めているとされたが、刑罰の新設までは盛り込まれなかった。

国際的に貧弱な体制

公文書を支える体制も課題だ。

「国立公文書館の現状の機能・組織をみると、民主主義を支える施設として不可欠である展示や学習といった機能を前提とはしておらず、職員数や文書の所蔵量を比較しても諸外国と比べ著しく見劣りする状況である」。2015年3月、「国立公文書館の機能・施設の在り方等に関する調査検討会議」(老川祥一座長)はこんな提言を有村治子内閣府特命相に提出した。

政府は「世界に誇れる国民本位の施設」の実現をめざすとして、2017年11月、新しい国立公文書館建設のための基本計画原案を公表した。約480億円をかけて東京・永田町の憲政記念館の敷地に地上3階、地下4階程度の建物を約8年半をかけて建設する。国立公文書館に移された公文書の保存のほか、展示・学習のためのスペースを設けたり、文書のデジタル化を進めたりする。

だが、ハードの整備の一方で、ソフトの充実はまだまだだ。2018年6月7日に日本記者クラブで会見した加藤丈夫・国立公文書館長によると、国立公文書館にいる文書管理の専門職アーキビストは現在30人。東京五輪・パラリンピック後に着工予定の新公文書館の完成までに150人に増員し、中央官庁に各1人、地方にも配置したいというが、財政難、行政改革の流れの中でどこまで実現できるかは不透明だ。公文書管理に関する公的な資格を新設することも課題だ。加藤館長は会見で「陸上のトラック競技にたとえると、欧米に1周も2周も遅れている。10年以内に追いつくためにエネルギーを費やしたい」と語った。

政府の「公文書管理の適正の確保のための取組について」の内容を見る限り、安倍政権の公文書に対する対応は、加計学園や森友学園問題など、政権下で起こった一連の問題について根本的な解決策をださないまま、当面の批判をかわすだけの弥縫策だと言わざるをえない。安倍首相は国会で、「必要があれば、法改正も含め見直しを行ってまいりたい」と述べていたが、法改正にも言及されず、政令改正や運用の是正の範囲にとどまる小手先の対策で、根本的な問題は、ほぼ置き去りにされたままだ。

では、政府の「取組」では、何が打ち出されたのだろうか。大きく三つの柱がある。

まず一つ目は、「公文書に関するコンプライアンス意識改革を促す取組の推進」として、内閣府による各府省の総括文書管理者を対象にした全体研修や、新規採用時の研修で公文書管理を必須にすることなどを挙げた。前述したように、決裁文書の改ざんなど悪質なものに対しては、免職を含む重い処分が行われる可能性も示した。さらに、内閣府の「独立公文書管理監」を局長級に格上げし、その下に担当審議官を配置したりして、行政文書のチェック機能を強化するほか、各府省に審議官級の「公文書監理官(仮称)」を置くことにし、その下に「公文書監理官室(仮称)」も設ける。

二つ目は、「行政文書をより体系的・効率的に管理するための電子的な行政文書管理の充実」だ。文書管理者が一元的に文書を管理できるように、文書がどこに保存されているのかといった情報を的確に把握するための電子的な行政文書管理の仕組みを構築するとしている。

三つ目は、森友学園をめぐる財務省の決裁文書の改ざんを受けた「決裁文書の管理の在り方の見直し、電子決裁システムへの移行の加速」だ。「決裁文書の修正は認めない」としたうえで、修正が必要な場合は新たに決裁を取り直すなどルールを明確にする。また、「紙」による決裁から、改ざんがしにくいとされる「電子決裁」システムへの移行も加速化させるとした。

確かに、こうした「取組」によって、公文書管理のあり方が部分的には改善するかもしれない。だが、もっぱら職員の「意識改革」に重点が置かれている面は否めず、公文書管理をめぐる恣意的な扱いや不祥事を制度や仕組みから抑え込もうという視点が不足している。

たとえば、内閣府の独立公文書管理監を局長級にし、各省庁の公文書管理をチェックさせるというが、それは各府省から独立しているというだけで、内閣府の長である首相から独立しているどころか、その部下に当たり、人事面でも予算面でも、直接支配される。独自の権限を持つわけでもない。森友学園に関する決裁文書の改ざんでは、首相の妻に関する記述が削除されていたが、そうした場合でも「きちんと文書を保存しろ」と府省に勧告できるだろうか。三宅弁護士は官庁の文書管理を支援、監督するため、「省庁の文書管理に目を光らせる数百人規模の『公文書管理庁』の設置や、公文書管理法に罰則を設けるなどの法改正が必要だ」とも指摘している。

結局、決裁文書の改ざんのような極めて特殊なケースへの部分的な対応は取られたが、再三指摘する通り、「個人メモ」「保存期間」「自動削除されるメール」「体制」など、根本的な問題は解決されていないといわざるを得ない。

インタビュー　右崎正博氏（獨協大学名誉教授・憲法）

『情報公開を進めるための公文書管理法解説』（日本評論社）の編者の一人で、公文書管理のあり方について発言してきた右崎正博・獨協大名誉教授（憲法）に、問題点と改革の方向性について聞いた。

公文書に関する一連の問題を受け、政府は対応策を打ってはいる。たとえば、２０１７年12月に「行政文書の管理に関するガイドライン」が改定され、保存期間を「1年未満」にできる文書について、別に正本や原本が管理されている文書の写しや、省の所掌事務に関する事実関係の問い合わせへの応答といった7類型が列挙されるなど一定の評価ができる内容もある。

ただ、こうした内容もあくまで「ガイドライン」でしかなく、どこまできちんと対応するのかが、府省の判断に委ねられている。法律に明記しないと、府省の言い逃れを許してしまうことにならないか。仮にガイドラインに違反しても、法律違反にまではならないからだ。

また、「ガイドライン」の改定で問題だと思う点は、行政機関の打ち合わせなどの「記録の正確性」を確保するとして、「行政機関の出席者による確認を経る」などとした点だ。加計学園の獣医学部新設をめぐり、「総理のご意向」「官邸の最高レベルが言っている」などと書かれた文科省の文書が表に出て、文書を作った文科省と、発言したとされる内閣府との間で、「言った」「言わない」と互いの言い分が食い違ったことが念頭にあるのだろう。だが、このやり方では、各府省がお互いに表に出したくない部分を削除して議事録を作るといった可能性があり、結果的に実態からかけ離れた当たり障りのない文書が作られる可能性がある。これはガイドラインの改悪になりかねない。

政府が2018年7月20日に発表した「公文書管理の適正の確保のための取組について」も同じだ。公文書に関するコンプライアンス意識の改革や決裁文書に関する見直しがうたわれているが、あくまでも法改正はしないで、できることをちょっと手直ししようという位置づけに過ぎない。

公文書改革の議論で、公文書管理法に刑罰を設けてはどうか、という意見もある。だが、刑罰となると問題は警察、検察の領域になる。公文書管理という民主主義の仕組みを警察、検察の力を借りて維持することになり、ある種の「警察国家」化につながる。あくまでも、「民主主義的行政」の枠内で対応できるルート、方法を作り上げるべきではないか。そこで考えるのは、国政調査権の発動だ。今、こういう「安倍一強」政治の状況では、野党の力が弱く、国政調査権がさびついてしまっている。三権分立の観点から、行政府を監視する立法府のあり方を、与野党を越えて議論し、結論を得るべきだ。

民主主義の仕組みは、主権者である国民が国政に関する十分な情報を与えられて、初めて正常に機能しうる。一連の公文書の問題を通じて、国民に必要な情報、真実の情報が十分に伝わっていないことが明らかになった。

内閣法制局の「想定問答」、陸上自衛隊の「日報」、森友・加計……。安倍政権でこれだけ公文書をめぐる問題が出てくるのは、政権が高い支持率にあぐらをかき、民主主義的な政権運営をしていないからではないか。

「政と官」の関係も問題だ。小選挙区制の採用により候補者の公認などで政党の中枢が圧倒的な力を持つようになり、また、多様な民意が排除されて、相対的に優位に立つ政党が、得票率に比べて、過大な議席を得るようになった。さらに、内閣法の改正により官邸が大きな権力を持つようにもなっている。多くの与党議員が副大臣や政務官として内閣に入るようになり、官に張りついてにらみをきかせるようにもなった。その分だけ、国会の監視機能は弱まってしまう。首相官邸が官庁の幹部人事を決める「内閣人事局」も創設された。公文書をめぐって、官僚たちが首相官邸の方を向いているとしか思えないような対応を見せた背景には、こういったこともあると考える。

こうした政治状況の中で、情報公開法、公文書管理法を活用し、調査報道によって真実を明らかにするのが報道機関の使命だ。ジャーナリズムに実績があり、信頼があればこそ、不正に対して内部告発をしようという人も出てくる。その役割は重要だ。

公文書管理先進国アメリカの国立公文書館を訪ねる

奥山俊宏

日本政府の公文書管理のお粗末な実情が知られるにつれて、それとの対比で、アメリカ国立公文書館の充実ぶりが注目されている。実際、それはどのような機関で、どのような人が働いているのか。正式名称(U.S. National Archives and Records Administration)の頭文字をとって「NARA《ナラ》」と呼ばれるアメリカの政府機関「合衆国 国立公文書館・記録管理庁」を訪ね、担当官に話を聞いた。

観光スポット

NARAの本部はアメリカの首都ワシントンDCの官庁街にある。ホワイトハウスと議会のほぼ中間に位置し、西隣には司法省、東隣には連邦取引委員会の庁舎がある。南の憲法通りをはさんで近くに国立美術館や国立自然史博物館、国立アメリカ史博物館が並んでいて、それらとともにNARAも観光スポットになっている。

神殿のような重厚なつくりの建物が威風堂々としている。その正面玄関の向かって左の脇の石碑に「過去の遺産は未来の収穫をもたらす種子である」と刻まれている。

観光シーズンの昼間ならば、NARAの正面の脇にある通用口にたいてい観光客が列をつくっている。予約は不要で入館は無料。荷物の検査を受け、セキュリティゲートを抜けて館内に入る。

アメリカという国を基礎づける三つの文書が、建物の2階に展示されている。

独立宣言、合衆国憲法、権利章典――。この三つの文書をまとめて「自由の憲章(Charters of Freedom)」あるいは「建国文書(Founding Documents)」と呼ぶ。なかでも独立宣言はアメリカ合衆国の「出生証明書」だと紹介されている。

列をつくって順番を待つ。20～30人ずつ、展示室に通される。すいているときは、列をつくらなくても、出入りできる。

かすれて文字の消えかかった文書の実物が壁沿いのショーケースに収められており、それらに観光客が見入っている。文書の劣化が進まないようにするため、室内は薄暗くなっており、それがまた荘厳な雰囲気を醸し出している。警備員が目を光らせている。かつては写真を撮影できたが、今は禁じられている。

権利の記録

三つの建国文書の展示室の真下、1階のほぼ中央に「権利の記録(Records of Rights)」という展示コーナーがある。

コーナーに入るとすぐに「マグナカルタ」が飾られている。アメリカが建国された18世紀より500年あまりも古いイギリスの文書である。王権を制限して、国民の権利・自由を守り、法の支配を確立した文書である。これに触発され、また、これを正当化の根拠として、イギリスの王政からアメリカは独立した、との説明が添えられている。

これらマグナカルタ、独立宣言、憲法、権利章典に人民の権利・自由が高らかにうたわれているというだけの理由で、アメリカに人権の理想が根づいた、というわけではない。建国後も黒人は奴隷として売買され、太平洋戦争中には日系人が収容所に送られた。それら迫害された黒人や日系人、差別された女性たちがどのように権利を獲得していったかを示す文書の数々が、「権利の記録」のコーナーに展示されている。

次のような説明が添えられている。

「市民は申し立て、抗議する。国会議員は法案を起草する。裁判所は判例を出す。私たちの権利に関する激しい国民的議論が続いたことが文書に記録されている」

アメリカ合衆国の理想を実現するための、世代を超えた格闘がそこにある記録の数々に示されている。

その展示コーナーの出入り口のそばの一角、マグナカルタの展示の右の方向に「かつては秘密だった歴史(A ONCE SECRET HISTORY)」というタイトルのもと、「ペンタゴン文書(The Pentagon Papers)」の表紙、前書き2枚、目次2枚が展示されている。

ベトナム戦争の泥沼にはまり込んでいく過程で、アメリカの歴代の政権は国民にうそをついてきた、それを明らかにした米国防総省の秘密報告書「ペンタゴン文書」。内部告発者から提供を受けて、1971年6月13日、米国の有力紙ニューヨークタイムズがその文書に基づく記事の連載を始めたが、当時の政府はこれをやめさせようと提訴。下級裁判所の命令でいったん連載は止まった。しかし、最高裁で政府が敗訴。連載は再開された。

展示の説明には次のように書かれている。

「国家安全保障上の懸念から、司法省はペンタゴン文書の公表を禁ずる裁判所命令を得た。しかしながら、1971年6月30日、最高裁判所は、政府とニューヨークタイムズの訴訟において、報道の自由に関する憲法上の権利のほうが他の懸念より勝ると判断した。

2011年6月13日、ニューヨークタイムズの連載記事の開始から40年後にあたる日、国立公文書館はペンタゴン文書の完全版を公表し、この歴史的文書の全体像を初めてアメリカの市民に示した。それは国立公文書館のウェブサイト(www.archives.gov/research/pentagon-papers)で入手することができる」

政府のうそを暴く「報道の自由」の権利が勝ち取られた歴史を示す記録として、かつては秘密だった文書が今、政府機関であるNARAで観光客向けに公開されているのだ。政府やその指導者のためではなく、民主主義のために公文書を保管するのだという誇りを感じさせてくれる。

省庁の記録管理を支援し、監視する

NARA本部の前でシャトルバスに乗って30分ほど車に揺られる。首都の街並みを抜け、メリーランド州カレッジパークに着くと、森に沈むようにNARA第2本部のモダンな庁舎がある。

国務省など米政府の中央官庁の記録は最終的にここに収蔵される。さんさんと外の陽が降り注ぐガラス張りの大部屋で、各国から来た研究者や委託を受けた業者の人たちが文書に見入り、スキャンしたり、写真を撮ったりしている。

このように、文書を保管し、研究者らに提供する「国立公文書館」の役割のほか、この第2本部には、米政府全体の公文書管理を監督する「記録管理庁」の機能がある。前者は、来訪する研究者への対応やウェブサイトなどを通じて所蔵記録へのアクセスを提供する仕事。後者は、たとえば30年後にそうしたアクセスを提供できるように記録を取り入れるための仕事である。後者には100人ほどの職員がいるという。

その職員の一人、アリアン・ラバンボクシュさんは各省庁の記録管理の指針となるルールづくりを担当する。１９８９年にワシントン大学を卒業し、メリーランド州文書館での勤務などを経て、２０００年からＮＡＲＡで働く。記録管理のポリシーやプログラム支援を担当するチームでスーパーバイザーという肩書を持っている。

ラバンボクシュさんらのチームの指導を受けて、２０１３年以降、多くの米政府機関は、「キャップストーン」と呼ばれる幹部公務員を対象に、そのすべてのメールを電子的に保存する仕組みを導入している。

「キャップストーン」とは、ピラミッドの頂上に置かれた「冠石」のことで、政府機関の幹部を意味する。「キャップストーンのメールは自動的に保存される」とラバンボクシュさんは解説する。

「重要な人たち、意思決定にあたる人たちについては、すべてのメールを、ユーザーの判断を介することなく、自動的にキャプチャー（取得）します。100％です。政府の活動とは関係のない純粋に私的なメールを削除することはできます。私たちはそれを『摘み取る』と呼んでいます。しかしながら、それをやる人はほとんどいません。そういう人たちはみんな忙しく、時間がもったいないと思っているからです。

すべての政府機関でこのアプローチが採用されているわけではありませんが、増えてきています。

なぜなら、これはより良いアプローチだからです。『これは〈記録〉か?』『どのように保存するのか?』といった意思決定から個々の職員を解放し、『すべてを一つのコレクションとして取得する』と言うのです。最終的には15~30年後に公文書館に移管され、永久に保存されます」

ほぼすべての記録が永久に保存されることになっているホワイトハウスとは異なり、一般の政府機関の記録は最終的に97%余が廃棄され、残りの1~3%が国立公文書館に移管される。キャップストーンのメールはその例外で、原則としてすべてが永久に保存される。

この仕組みの下なら、メールの一件一件について、政府の記録か、歴史的な価値があるかをいちいち判断する手間ひまを省くことができる。

「かつては、日々の仕事の過程で職員が『これは永久保存だから、こっちに移動する』などと記録をファイルすることはないと知っていながら、それに頼っていました。1日に200通のメールを受け取る人の場合、そのすべてをどのように管理するというのでしょうか。そこで、私たちは、ユーザーを除外して、コンピューターで自動的に保存するようにする方法を提案しました」

ラバンボクシュさんによれば、メールがNARAに移管されたからといって、それがすべて公開されるわけではない。

「もしメールが秘密情報を含んでいる場合は、秘密指定解除の訓令に従って扱われます。医療の記録など個人情報がある場合には、私たちは通常、それを開示しません」

ラバンボクシュさんは「記録を何も残さないよりも、まずは記録を保管し、それの開示をどうするかは後で考えるほうが大切だ」と言う。

最低7年はメールを保存する原則

部下4人を率いるラバンボクシュさんだが、自身はキャップストーンではない。

「私の直属の上司のその上にいるボスはキャップストーンなので、彼より上の幹部職員のメールはすべて保存され、最終的に国立公文書館に移管され、永久に保存されます。私はキャップストーンではないので、私のメールは7年、保存され、その後、何らかの別の理由で永久保存と指定されない限り削除されます」

たとえば、3000人近くが働くNARAでキャップストーンに指定されている役職は44ある。国務省本省は781、中央情報局(CIA)は426、国防長官室は1265のメールアカウントがNARAの承認を経て永久保存の対象に指定されている。

キャップストーン・アプローチの方法で電子メールを保存する政府機関は、どのような職員のメールをどれだけの期間、保持するのか、どのメールをいつになったらNARAに移管するのかといった予定を「レコード・スケジュール」という文書にまとめ、NARAに提出することになっている。それらはＮＡＲＡのウェブサイト(http://usnationalarchives.github.io/capstone-grs/index.html#about)で公表される。

たとえば財務省。２０１６年11月23日に、キャップストーン・アプローチでメールを保存すると宣言する「レコード・スケジュール」をＮＡＲＡに提出している。それによれば、キャップストーンとして永久保存の対象となるメールアカウントの数は244。１人の役職者が複数のメールアドレスを使い分けることがあり、財務長官は三つのメールアカウントが指定されている。次官補は24のアカウントが指定されている。各役職の任期が終わったときから15年から25年を経たところでそれらのメールはＮＡＲＡに移管される。「キャップストーンではない職員の記録は7年間保持される」と明記されている。

キャップストーン・アプローチを採用した政府機関が原則として従うことになっているＮＡＲＡ作成のゼネラル・レコード・スケジュールには、キャップストーンに指定されるべき役職の類型が10にわたって示されている。キャップストーンに当たらない職員のメールの保存期間は原則7年。ただし、定型的な仕事に就いている一部職員はその政府機関の判断で3年とすることができる(https://www.archives.gov/files/records-mgmt/grs/grs06-1.pdf)。なぜ7年が原則なのか。ＮＡＲＡは次のような見解を明らかにしている。

「ＮＡＲＡは、政府機関の業務上の必要性を満たすだけでなく、連邦政府の政策や行動を適切かつ十分に文書化するためには、7年が、一時的な電子メール記録の合理的かつ適切な基準保存期間であると考えている。これらの記録は7年保存すれば、一般に、訴訟において政府が適切に防御すること、または政府が加害者となった場合の原告の権利を証明することが可能となる。この保存期間は、政府に対する請求の法制上の時効（通常6年以下）に合致しており、議会によって定められた記録保管義務（たとえば、ＳＯＸ法の企業会計改革で確立された監査関連記録の保存期間7年）、国税庁（ＩＲＳ）による個人所得税の記録の7年保存（税法違反の罪の時効の6年に関連）にも合致している。こうしたことから、ＮＡＲＡは、一時的な電子メールの基準保存期間は7年が適切であると結論づけた」（https://www.archives.gov/files/records-mgmt/grs/grs06-1-faqs.pdf#page=6）

ラバンボクシュさんによると、政府で記録を扱うすべての職員は毎年、研修を受けることになっている。「職員は記録を保護する責任がある」「権限がない限り、廃棄するな」「迷ったときにはだれに相談すべきか、だれがその政府機関の記録管理責任者か」といったことを教わる。

ヒラリー・クリントン氏は国務長官在任中、私用メールアカウントを公務に使ったのに、それを公用メールアカウントに転送せず、記録保存を怠った。キャップストーンの運用が始まる前のことだったが、国務省の監察総監室は、連邦記録法に基づく国務省の内規への違反があったとの報告書をまとめた。

このスキャンダルについて質問すると、ラバンボクシュさんは「記録管理は政治とはほとんど関係ありません」と言い、その口はやや重くなった。

「記録管理は非政治的、あるいは、ノンポリです。我々は、記録が保管されるようにしたいだけなのです。そして、別のだれかが歴史や記事を書けるようにしたいだけなのです」

現在、ラバンボクシュさんがもっとも力を入れているのは、記録の電子化だ。

「私たちが今作業しているのは、電子メッセージについてです。メールとは異なるテキスト・メッセージです。また、ウェブサイトに関する指針を13年前につくりましたが、それの見直しを検討しています。

国立公文書館は4年後の2022年より後には、もはやアナログの紙の記録を受け入れません。なぜならば、こんにち、プリントアウトされることがあったとしても、すべての記録はもともとコンピューターで電子的に作成されます。署名入りの条約原本など例外はありますが、30年後には、記録は電子的に閲覧されるべきです。あなたも、ここに来る必要はなくなり、日本で家にいながらにして、私たちのすべての記録を取り出すことができるべきです。それがビジョンです。それが、我々が試みようとしている戦略です」

民主主義を強めるために

米国立公文書館は1934年6月、フランクリン・ルーズベルト大統領によって独立機関として設けられた。しかし、1949年に「共通役務庁」という政府機関を新たに設けた際に、議会は、公文書館をその一部局にしてしまった。

歴史やアーカイブ学の素養のない共通役務庁の幹部に公文書館に関する決裁をさせることには長年、「便所や物置、作業室の管理人の手に我が国の先祖伝来の文書を委ねるのか」との批判が根強くあった。公文書館の首脳ら自身が運動して、ようやく１９８４年10月、国立公文書館を再び独立の政府機関とする法律が制定され、85年４月１日、現在のＮＡＲＡが誕生した。

分館にあたる大統領図書館を含め、ＮＡＲＡ全体では２０１８年２月時点で、125億ページ相当のアナログ記録を所蔵。その５倍余りの量の記録を他の政府機関から預かっている。795テラバイトのデジタル記録も保有する。

歳月を経て政府機関のふだんの仕事で使われなくなった非現用の記録の移管を受けてそれを保管するだけでなく、第一線で働く政府職員がふだん作成・保存・管理している現用の記録についても、ＮＡＲＡはその保管のルールをつくり、それをきちんと運用させる役割を担っている。

ＮＡＲＡは、他の政府機関の記録管理について実地検査をする権限を持っており、２０１１年から２０１８年２月までに18件の実地検査を行った。

公文書を隠したり、取り除いたり、切り裂いたり、消滅させたり、破壊したりする行為は犯罪として、３年以下の禁錮刑などで処罰される(合衆国法典18編２０７１条)。

ＮＡＲＡの長を務めるのは「合衆国アーキビスト(Archivist of the United States)」という肩書の人物。議会上院の承認を経て大統領によって任命される。２００９年11月に就任した現任のディビッド・フェリエロ氏は以前、マサチューセッツ工科大学やデューク大学の図書館でトップを務め、ニューヨークの公共図書館の再編でも重要な役割を果たしたという経歴を持っている。

ＮＡＲＡのミッション、すなわち任務は、一般の人々が政府の重要な記録を読んだりコピーしたりすることによって、アメリカの民主主義を強めることにある、とされている。

２０１８年２月にとりまとめられたＮＡＲＡの戦略プランには、次のように書かれている。

「我々のミッションは、我々が保管する政府の記録に対するアクセスを一般の人々に提供することにある。政府の記録にアクセスすることによって、アメリカの人々は市民の権利を主張でき、政府に説明責任を果たさせ、歴史を理解することでより効果的に政府に参加でき、それらによって民主主義は強められる」

大統領図書館

カリフォルニア州ロサンゼルスの国際空港から北に車で1時間あまり。シミバレーという小さな街の丘の上に、ロナルド・レーガン大統領図書館はある。

ＮＡＲＡは、その分館として、全国各地に14の大統領図書館を運営しており、レーガン大統領図書館もその一つだ。１９８１～89年に大統領を務めたレーガン氏のホワイトハウスの記録がここに収蔵されている。

研究者のための閲覧室がある。職員に頼んで、そこに文書の箱を持ってきてもらい、閲覧できる。マイク・ダガン副館長によると、年間、250～275人ほどの来訪がある。欧州や韓国の研究者が比較的多いが、日本人はあまり見かけないという。

一般の政府機関の記録とは異なり、ホワイトハウスの記録はもともと、大統領個人の所有物だと考えられていた。退任後に政府に寄贈して大統領図書館に収蔵されるのが通例だったが、理屈のうえでは、大統領が自分の記録を廃棄しても違法ではなかった。実際に過去には、紛失したり、破壊されたり、儲け目的で売りに出されたり、管理不良で損なわれたりした実例があった。ウォーターゲート事件に関する議会の調査の過程では１９７３年、大統領執務室での事件直後の会話の録音テープが一部、消去されていたことが判明した。これをきっかけに、大統領による記録破壊を防ぐ目的で、大統領記録法が１９７８年に制定された。ホワイトハウスの記録は政府の所有となり、ほぼすべてが永久保存されることになった。適用第１号の大統領がレーガン氏だ。

「記録は、大統領個人ではなく、米国民に帰属します。大統領が退任すると、その記録は自動的に我々の管理下に入ります」とダガン副館長は話す。「大統領在任中に移管される記録もあります。たとえば、首席補佐官が辞任すると、その記録の多くは公文書館に移管されます。後任の首席補佐官がその記録を再び取り戻すことがあり、結果的に、行ったり来たりする記録もあります」

手書きのメモや下書きに至るまで保存されており、秘密指定を解除されたものは、だれでも閲覧できる。実際に日本関連の文書を閲覧してみると、ボツになった下書きや手書きメモが含まれている。

下書きを保存する理由を尋ねると、「下書きにも歴史上の価値があります」とダガンさんは答えた。「下書きのそれぞれに違いがあり、それは、ものごとがどのように変化したかを示しています。私たちは下書きを保管しようと努めています」

記録のフォーマットの変遷

レーガン大統領図書館には６４２０万ページの紙の記録があるほか、162万３０００枚の写真、67万フィート(204キロメートル)の動画フィルム、２万あまりのビデオテープ、２万５５００の音声テープがある。文書は摂氏21度、湿度45％の室内で、テープやフィルムは摂氏17度または2度で保管されている。

レーガン大統領図書館の特徴について、ダガン副館長は次のように言う。

「かつて、カーボン紙でコピーを作ったり、ガリ版でプリントを刷ったりした時代がありました。70年代にコピー機が持ち込まれ、80年代にはワープロがあり、90年代には電子記録が始まりました。

古い大統領図書館はたぶん、2000万ページから3000万ページの文書を持っていますが、私たちは全部で約6000万ページを持っています。新しい大統領図書館ではおそらく、紙の記録は再び減って、4000万か5000万ページほどでしょうが、その代わりに、数百ギガバイトの電子記録を所蔵しているでしょう。

レーガン政権では、非常に原始的な電子メールのシステムを使い始めています。大部分はスケジュール管理のために用いられており、中身のあることには使われていません。

当時は古い『ディスプレイ・ライター』システムがありました。そこでは8インチのフロッピー・ディスクが使われていました。プログラムを動かすために一つのディスクを使い、文書を保管するためにもう一つのディスクを使っていました。200ページほどを保存できたのでしょう。

そのような時代から変化して、今や文字どおり、すべての記録はもとはデジタルで作成されます。写真も含めてです。私たちの所蔵する写真のすべてがネガフィルムですが、今や写真はすべてデジタルです。保管スペースは少なくてすみます」

1970年代にコピー機が導入され、それに伴って紙の文書が大きく増えたものの、90年代にデジタル機器が普及し、紙の文書は減る傾向だといい、大統領図書館の所蔵する記録のフォーマットにそれが反映されている。

図書館には博物館が併設されており、そちらには、大統領専用機エアフォース・ワンやF14戦闘機も展示されている。観光客の姿が見える。

アーキビストがわくわくするとき

レーガン大統領図書館には、「アーキビスト」と呼ばれる専門職員が10人いて、各記録について開示していいか審査にあたっている。社会保障番号などプライバシー情報、シークレットサービスの警護官の氏名など法執行の情報がないか見ていく。それらは原則として非開示とする。

国家安全保障上の理由で秘密に指定された情報が含まれているときは、スキャンした文書を国務省や国防総省、中央情報局(CIA)といった関係官庁に送り、秘密解除の審査を求める。すべての関係官庁が同意しない限り、NARAが勝手に秘密指定を解除することはできない。このため、こうした手続きには長い時間がかかる。作成から25年が過ぎた記録は、国家安全保障上の秘密も原則として解除される建前になっている。実際には抜け道があり、さらに何年もかかる。

レーガン大統領が退いてから30年近くたった2018年春の時点で、一般の研究者に開示されているのはその記録全体の55%ほど。国家安全保障会議の記録となると、15%ほどにとどまるという。

ダガン氏はアーキビストだったとき、文書が入った箱を開けるたびに、クリスマスの贈り物の箱を開けるのと同じように、わくわくしたという。

「ゴルバチョフ（ソ連共産党元書記長）とレーガン大統領の会話の記録は最初、非公開でした。それを審査し、今やオープンになっています。そういうのは楽しいものです」

レーガン氏の評判を傷つける記録があっても開示するのかと尋ねると、ダガン副館長は「イエス」と答えた。

「レーガン夫妻のプライバシーに関連しない限りはそうします。彼に同意しない人たち、彼を悪く描こうとする人たちであっても、文書を出します。なぜならば、大統領記録法の下で、我々にそれを出さないという選択肢はありません。我々の仕事は、記録を使えるようにすることです。レーガンが良かったか悪かったかが歴史によって判断される、あるいは、歴史家やジャーナリストに判断してもらえるようにするのが我々の仕事です」

日本の公文書管理「諸外国と比べて見劣り」

「米国はもとより、欧州諸国、近隣の中国や韓国と比べても、我が国の公文書管理体制は見劣りする状況である」——。福田康夫政権によって設けられた政府の有識者会議は、２００８年11月にとりまとめた最終報告の中でそう指摘し、日本の立ち遅れを批判した。それから10年たって、日本の公文書管理はますますお粗末なものに悪化している。公文書管理の先進国、アメリカとの差はとても大きい。

態勢に雲泥の差

政府機関がふだん使っている公文書について、もともと日本には監視・監督・指導をする機関がなく、担当の官僚の都合で廃棄したり隠したり放置したりする不祥事が繰り返された。２０１１年４月施行の公文書管理法はこれを直すため、内閣総理大臣に権限を与え、外部の立場から各省庁に報告を求めたり、実地に調査したり、改善を勧告したりすることができるようにした。

その実務を担っているのは内閣府だ。大臣官房の公文書管理課に職員20人ほどがいて、権限を行使する立場にあった。しかし、２０１１年に制度ができて以来、権限を発動して省庁に報告を求めた例は1件だけ、実地調査も2件だけだった。改善勧告は一度もなかった。財務省の文書改ざん問題や防衛省の「日報」問題、文科省の加計学園問題など前代未聞の不祥事でも、権限を発動しようとするそぶりさえ見せなかった。

一連の公文書不祥事の教訓を踏まえて、安倍政権は２０１８年9月、内閣府の独立公文書管理監を局長級に格上げし、その下に公文書監察室を設けた。17人の職員を配置して、公文書管理課から権限を移した。しかし、期待薄だ。

「独立」といっても、各省庁から独立しているだけで、内閣総理大臣からは独立していない。内閣府の仕事として、内閣総理大臣の権限を代行し、内閣府の人事評価を受ける立場にある。そんな状況

フランス(AN)	ドイツ(BArch)	韓　国
1790年	1919年	1969年
501人	687人	471人
パリ館(パリ中心部) フォンテーヌブロー館(パリ郊外) ピエールフィット館(パリ北部) 187,000 m²(計3館) 海外文書館(エクサンプロバンス) 11,140 m² 労働文書館(ルーベ) 12,800 m²	本館(コブレンツ) 118,000 m² リヒターフェルデ館(ベルリン) 軍事文書館(フライブルグ) 他，全9館	本部(テジョン 政府合同庁舎内) 13,000 m² 支所(プサン) 21,670 m² 新館(ソンナム) 62,240 m² 閲覧事務所(ソウル) 大統領記録館(セジョン)
• 政府機関公文書(外務省，国防省の文書を除く) • 裁判所記録 • 公証人記録 • 私文書／企業文書 • 植民地資料	• 連邦政府機関公文書 • 立法機関記録 • 裁判所記録 • 国家的に重要な個人・政党・団体等の記録(旧東ドイツの記録等) • 映画フィルム	• 政府機関公文書 • 大統領記録 • 土地台帳 • 国家行事の映像 • 記念切手，絵葉書 • 地図／建築図面
350 km	330 km	366.5 km

で、上司である内閣総理大臣の親しい友人について記載された文部科学省の文書、あるいは、内閣総理大臣の妻について記載された財務省の文書をめぐって、遠慮なく権限を行使して、「きちんと文書を保存しろ」と勧告できるだろうか、疑問は残ったままだ(Ⅲ—130頁参照)。

2018年の春から夏にかけての有識者の議論では、一定の独立性と専門性を備えさせるため、「数百人規模の公文書管理庁」や「独立機関である記録管理院」の創設を提言したり、公文書管理委員会の活用を求めたりする意見もあった。しかし、そうした提案を政府が真剣に検討した形跡はない。結局、安倍政権の「一連の公文書をめぐる問題に対する再発防止のための取り組み」を経

日本の公文書管理

	日本(国立公文書館)	アメリカ(NARA)	イギリス(TNA)
設立年	1971年	1934年	1838年
職員数	188人(定員56人)	3,112人	600人
施設総床面積	本館(千代田区) 11,550 m² 分館(つくば) 11,250 m² アジア歴史資料センター(文京区) 368 m²	本館(ワシントンDC) 130,000 m² 新館(メリーランド州) 167,200 m² 12の地域分館 18のレコードセンター 14の大統領図書館	本館(ロンドン郊外) 65,200 m² ※スコットランド，北アイルランドは別組織
主な収集資料	• 政府機関公文書(外務省，宮内庁等の文書を除く) • 司法文書 • 法人文書 • 寄贈寄託文書	• 連邦政府機関公文書 • 連邦議会記録 • 裁判所記録 • 大統領記録 • 航空写真 • 地図／建築図面 • 音声／映像記録 • 映画フィルム	• 政府機関公文書(スコットランド，北アイルランド政府の文書を除く) • 王室記録 • 一部裁判所記録 • 私文書
所蔵量(書架延長)	64 km	1,400 km	200 km

出典：国立公文書館「公文書管理を考える——管理の充実に向けた国立公文書館の取組み」2018年6月7日日本記者クラブ説明資料をもとに作成．

た2018年秋の時点で、内閣府には、公文書管理課と公文書監察室をあわせても、のべ40人ほどの職員しかいない。独立行政法人の国立公文書館は常勤56人(うちアーキビストは30人)、非常勤132人の職員を抱えるが、他省庁に対する権限はない。

これに対して、米政府では、約3000人の職員を擁するNARAに他省庁を監督する権限が与えられており、政治からの独立性も確保されている。公文書管理を天職と考え、その意義をよく理解し、それによって職歴を築いてきた専門職員が多数いる。これに比べると、日本の態勢は劣悪そのものだ。

個人メモや電子メールの扱いも大違い

日本では、多くの公文書について公務員たちは「個人メモだ」とか「手控えだ」とか「保存期間1年未満だ」とか主張して私物化したり廃棄したりしている。公の管理の下に置かれているのは、文書全体の一部に過ぎない。

アメリカでは、少なくともホワイトハウスについては、下書きやメモに至るまで、すべての記録が政府の管理下に置かれ、やがて国立公文書館の管理の下に移される。日本の現状はこれと対照的だ。

沖縄県公文書館の専門職員として日米の公文書を扱ってきた仲本和彦さんは、NARA第2本部の近隣にあるメリーランド大学で学んだ際の教授の言葉を思い出す。「公費で買った鉛筆でとったメモは公文書だ」

日本では、公務員が勤務時間中に公用のパソコンや職場の鉛筆で作成した文書であっても、その多くは「個人メモ」と分類され、公文書管理法の規制を免れている実情がある。

メールの保存についても、日米の違いはあまりに大きい。

日本の公文書管理法でも電子メールは「行政文書」になりうる。その場合、保存期間を設定し、最終的に「歴史資料として重要」かも判断しなければならない。だが、財務省は送受信から60日たったメールを自動的にサーバーから削除。加計学園問題でも、2015年4月に内閣府から文部科学省に送られたメールがサーバーに残っていないことが明らかになった。

日本と対照的に、多くの米政府機関で、幹部のメールはすべて永久保存が原則。下級公務員についても最低7年はメールを保存するのが原則となっている。

米政府では、私用メールのアカウントを使った場合も、公務関連のメールは必ず公用のメールに転送して保存されるようにしなければならない。クリントン元国務長官のように、それを怠った場合の責任追及はとても厳しい。一方、日本はまったく異なる。毎日新聞によれば、2017年10月、安倍首相を含め大臣、副大臣、政務官が送受信した電子メールの開示を情報公開法に基づいて各省庁に請求したところ、開示されたのは厚生労働副大臣の1通だけだった。

大事故や大事件の検証もできず

このような制度と運用のお粗末ぶりが、日本では実際に弊害となって表れてきている。

2011年の福島第一原発事故の際、米政府の原子力規制委員会は、会議での職員らの会話を録音し、翌2012年、3000ページを超えるその書き起こしを公表した。それを読めば、80キロ圏内の米国民に避難を勧告することを決めた経緯が、規制委にとって不都合なことも含め詳細に分かる。日本政府の事故対処については、録音が一部しかなく、議事録もなく、重要な局面について関係者の記憶が食い違うなど、検証に限界がある。

また、米国立公文書館や大統領図書館で、秘密指定を解除された過去の公文書を閲覧すれば、主要な政策決定の際に、文書でその方向性を示し、それへの意見を関係省庁から文書で集め、さらに、複数の選択肢ごとに良い点、悪い点を列挙した詳細な文書を作成し、それに基づき最終的な決裁権者の判断を仰ぐ、その過程が詳しく分かる。あとからの検証も容易にできる。外部とのやりとりの記録も録音を書き起こしたように詳細であることが多い。

たとえば、米国の航空機メーカーが日本政府高官に資金を贈ったロッキード事件への対処。1976年に疑惑が発覚すると、ホワイトハウスは、外国公務員への資金提供を規制する新法の制定を支持するかどうか、どのような新法にするべきか、それぞれの長所、短所、各省庁の賛否をとりまとめ、大統領に示した。日本政府に残された文書でこうした詳細な記述を目にすることはめったにない。

「抜本的な見直し」はどこに？

米国でも、最初から今の公文書管理があるわけではなく、さまざまな不祥事を経験することで、制度を充実させてきた。ウォーターゲート事件など不祥事を機に、新しい法律を制定したり、NARAを独立機関にしたり、メールなど電子情報の管理の運用を改善したりして、制度を進化させる営みを続けており、だから今の姿がある。2018年春、日本も、財務省や防衛省の不祥事から教訓をくみ取り、公文書管理法改正を含む是正策を実行に移すべきだと多くの人が議論した。

安倍首相自身も2018年春の国会で次のように言い続けた。「組織や制度の見直しなど、必要があればそのための法改正も含め、私のリーダーシップの下、公文書管理の在り方について政府を挙げて抜本的な見直しを行っていきたい」。しかし、2018年7月に示された「一連の公文書をめぐる問題に対する再発防止のための取り組み」は、問題の根幹に触れようとせず、法律の改正をまともに検討せず、小手先の弥縫策で済ませようとする内容だった。

福田政権が主導した有識者会議の2008年の最終報告は『「時を貫く記録としての公文書管理の在り方」――今、国家事業として取り組む』と題され、公文書について「民主主義の根幹を支える基本的インフラ」と位置づけた。公文書の適正管理は「国が意思決定を適正かつ円滑に行うためにも、国の説明責任を適切に果たすためにも必要不可欠」との基本認識を示した。ところが、福田首相が辞任し、2008年に麻生政権に代わったことで、公文書管理への政府側の熱意は急速に冷め、諸外国並みの態勢の構築も「夢に消えた」というのが専門家の見方だ。今もそれは変わらず、むしろ、現場の運用は退化している。

IV

公益のための内部告発とは

衆院予算委の閉会中審査で答弁に立つ柳瀬唯夫首相秘書官(左).
右端は前川喜平・元文部科学事務次官. 2017 年 7 月 24 日.

安倍晋三首相の長年の友人が経営する加計学園の獣医学部新設をめぐって、安倍政権が「総理のご意向」によって政府の行政を不公正に歪めたとの疑惑、さらに、その「ご意向」を記載した文書が文部科学省内に存在するのにその存在をなかったことにしようとしたとの疑惑を世の中に知らしめる原動力となったのは、文部科学省の現旧職員らによる内部告発だ。これに対して、安倍政権の側は、それら内部告発者の側に個人攻撃で報復し、「守秘義務に違反する可能性がある」との脅しまで繰り出した。２００４年に制定された公益通報者保護法や各国の内部告発者保護法制、内部告発をめぐるこれまでの歴史的な経緯に照らして、こうした状況をどのように見ればいいのか、分析してみた。

1　告発者への反応を検証する

「総理のご意向」文書の経緯

加計学園の獣医学部新設について、「官邸の最高レベルが言っている」などと書かれた文科省の内部文書は２０１７年5月16日夜、ＮＨＫで、肝心の部分「官邸の最高レベル」の8文字を黒塗りにしたうえで報じられ、翌17日、朝日新聞の朝刊で初めて詳細に報じられた。すると、菅義偉官房長官はその日の記者会見でそれを「怪文書みたいな文書」と切って捨て、松野博一文部科学相は19日、「該当する文書の存在は確認できなかった」との調査結果を発表した。

これに対して、その年の1月まで文科省事務方の最高責任者を務めていた前川喜平・元文部科学事務次官が、朝日新聞や「週刊文春」の取材に応じ、次官在任中に文書を見たと明言。「あるものが、ないことにされてはならない」と語った。同月25日に記者会見を開き、獣医学部新設をめぐって「公正公平であるべき行政のあり方がゆがめられた」と述べた。

これに続くようにして、文科省の現役職員が匿名で報道各社の取材に応じ、文書が現存すると明らかにした。こうした内部告発に後押しされて、6月9日、文科省はそれまでの姿勢を一転して再調査の方針を発表。同月15日、文書が存在するとの再調査結果を公表した。

この間、前川氏について、菅義偉官房長官は5月25日の記者会見で、天下りあっせん問題をめぐって「当初は責任者として、自ら辞める意向を全く示さず、地位に恋々としがみついておりました」と批判。安倍晋三首相は6月1日のラジオ番組収録で「次官なら大臣と一緒に私のところに(獣医学部新設に関する私の意向の確認に)来ればいい」と述べた。

また、5月22日の読売新聞で前川氏の「出会い系バー通い」がスキャンダルであるかのように報じられ、前川氏が「女性の貧困を扱う報道番組を見て、話を聞いてみたいと思った」と説明すると、菅官房長官は26日の記者会見で「教育行政の最高責任者がそうした店に出入りし、小遣いを渡すようなことは到底考えられない」と前川氏を重ねて批判した。

文科省の現役職員や前川氏について、守秘義務に違反しているのではないかと指摘する声も次々と上がった。

5月25日の前川氏の記者会見で、「読売新聞です」と名乗る男性が最後に質問し、「在職中に知り得たものを出すことについて守秘義務違反に当たらないか」と発言。米カリフォルニア州弁護士でタレントでもあるケント・ギルバート氏は、産経新聞のウェブサイトに掲載されたコラムの中で、「『文書』が本物であれば守秘義務違反で捕まるべき人物がいるはずだ」と主張（「天下り問題、守秘義務違反を無視　前川氏はメディアに『敵の敵は味方』と認識されたのか」『ケント・ギルバートのニッポンの新常識』2017年6月9日）。義家弘介文科副大臣は6月13日の参院農水委員会で「非公知の行政運営上のプロセスを上司の許可なく外部に流出されることは国家公務員法（違反）になる可能性がある」と答弁し、守秘義務違反に当たりうるとの見解を示した。

人格攻撃の典型パターン

これらはいずれも、内部告発された組織の側が内部告発者に対して示す反応の典型パターンとそっくりだ。

内部告発者、なかでも、本質的で重要な不正について内部告発をした人は、たいてい、あることないこと織り交ぜて誇張された人格攻撃にさらされる。また、守秘義務を破って情報を漏洩したとの非難が加えられ、まれに実際に罪に問われることがある。これは日本に限った話ではなく、古今東西に見られる共通の現象だ。

精密機器メーカー、オリンパスの不正経理疑惑を追及した英国人社長（マイケル・ウッドフォード氏、稿末にインタビュー掲載）もそうだったし、自衛隊内部のいじめ自殺の証拠の隠匿を遺族の側に知らせた自衛官も当初はそうだった。タバコの中毒性を告発した米国の大手タバコ会社元副社長の事例は、ハリウッドの映画『インサイダー』にもなった。

大阪高検の公安部長だった三井環氏は、検察の裏金づくりについて、当初は匿名で月刊誌「噂の真相」や週刊誌の取材を受けていたが、やがて、表に出ての内部告発を決意し、２００２年４月22日、テレビ局のインタビューを受ける予定だった。ところが、その当日の朝、詐欺や職権乱用の容疑で大阪地検特捜部に逮捕され、それにあわせて女性スキャンダルを報じられた。検察取材に定評のある村山治氏が『ルポ内部告発――なぜ組織は間違うのか』(朝日新書)に寄せた原稿によれば、その数カ月前から、検察首脳は、三井氏の動きを察知し、大阪高検の検事と事務官に三井氏の周辺を調べさせ、その中で女性との関係の話をつかんだ、とされる。この逮捕と醜聞によって三井氏の内部告発は中途半端に終わらざるを得なかった。


本来ならば、内部告発の内容と内部告発者の人格は関係がない。内部告発した人がどんな悪人であっても、内部告発の内容が真実であることはあり得る。内部告発した人がどんなに正直な人であっても、内部告発が誤解に基づくものである可能性もなくはない。

内部告発の内容がうそだというのなら、内部告発された側はそれに反論すればいい。ところが、内部告発の内容について反論するよりも先に、内部告発者の人格を攻撃し、内部告発者の秘密漏洩を非難するのが、告発された側の人たちの多くに共通する習性だ。

それはなぜか。いくつか理由がある。

一つは、痛いところを突かれたと感じ、「ばらしやがって」と怒り、思わず感情をあらわにしてしまう、というものだ。

もう一つは、内部告発した人の評判を落とし、信用を貶《おとし》めて、内部告発の内容の信憑性を低めようとする狙いがあっての意図的な攻撃だ。

しかし、それらだけが人格攻撃の理由ではない。

これまでのさまざまな事例で共通して見られる、人格攻撃と漏洩非難の大きな狙いは、内部告発の連鎖を止めることにある。内部告発が別の新たな内部告発を呼び起こすことがないように、見せしめにしようということだ。

放っておけば、正当な内部告発は必ず共感を呼び、別の内部者が声を上げる。それを止めるため、内部告発者に悲惨な末路を押しつけ、示しをつけようとする。見せしめにするのだ。

このように、内部告発した人の多くは、人格を攻撃され、情報漏洩を非難される。日本だけでなく、アメリカでもそうだし、イギリスでもそうだ。これは一つのパターンだ。前川氏はまさにそうした人格攻撃の対象にされたように見える。安倍政権幹部らの反応を見ると、いつものあのパターンだな、と感じざるを得ない。

守秘義務違反に当たるはずがない

守秘義務を破ったとして前川氏や文科省職員を非難する人もいる。

たしかに、国家公務員法100条は「職員は、職務上知ることのできた秘密を漏らしてはならない」「その職を退いた後といえども同様とする」と定めている。しかし、内部の情報だからといって、何もかもがここでいう「秘密」にあたるわけではない。

最高裁判例は次のように「秘密」を限定する。

「実質的にもそれを秘密として保護するに価すると認められるものをいい、国家機関が単にある事項につき形式的に秘扱の指定をしただけでは足りない」

つまり、外部に情報を流す際に上司の許可がなかったからといって、それだけでは守秘義務違反にはならない。「官邸の最高レベルが言っている」などの記載のある文書は、「官邸の最高レベル」にとってては、「秘密」にしておきたいことなのかもしれない。しかし、それだけでは、国家公務員法のいう「秘密」に当たるとは言えない。

守秘義務違反に当たるかどうかは、漏洩された情報の実質的な内容や漏洩の方法・態様を総合して判断するべきことだ。

これまで日本で守秘義務違反を罪に問われた事例の大部分は、警察官が容疑者に捜査情報を漏らした、といったような極端に悪質な事件で占められている。報道機関への情報提供が有罪とされたのは、外務省の事務官が毎日新聞の記者に秘密の公電文案を渡した１９７２年の事件と、容疑者の精神鑑定を担当した医師がフリージャーナリストに供述調書や鑑定結果を見せたことが刑法の秘密漏示罪に問われた２００６年の事件くらいしか例がない。防衛省情報本部電波部の課長が中国潜水艦の行動情報を読売新聞記者に漏らした２００５年５月の事件、神奈川県警捜査二課の警部補が捜査情報を知り合いの週刊誌契約記者に電子メールで教えた2005年6月の事件については、漏洩した側が自衛隊法違反や地方公務員法違反の疑いで書類送検されたが、いずれも不起訴(起訴猶予)となった。公務員から記者への情報提供は毎日、無数にあるが、それらのうち、裁判で有罪になったのは過去70年でわずか1件しか知られていない、ということだ。

これはかつての米国でも同様だった。米国の連邦法ではそもそも包括的な守秘義務が法律の定めになっていない。国家安全保障に関わる情報など特定の情報だけが法律上の守秘義務の対象になっている。報道機関への情報漏洩で連邦公務員が罪に問われた事例は2000年までの40年間に2件しかなく、有罪になったのはうち1件だけだった。2001年以降は、摘発のための技術の進歩もあって、訴追は大きく増えているが、それでも年に1件あるかどうかの頻度である。

国政の主権者は国民なのだから、政府など国家機関の持つ情報について、国民には知る権利がある。国家安全保障や外交など理由がある場合に限って、例外的に秘密にすることが許される。

政府に関する情報を十分に知らされていないと、国民は有権者として選挙権行使の判断のしようがなくなってしまう。だから、民主主義を機能させるためにも、国民は政府の情報を十分に得ることができなければならない。

このように国民には知る権利があると考えるのが法の原則なのだから、裁判所が「秘密」を限定的に解釈し、捜査当局が守秘義務違反を罪に問うのに謙抑的な姿勢であろうとするのは、民主主義国ならば当然のことだといえる。

2010年、尖閣諸島沖で日本の巡視船と中国の漁船が衝突した様子を撮影した映像を動画サイト

「YouTube」にアップロードした海上保安官について、警察は当初、守秘義務違反を罪に問おうとした。しかし、動画は「秘密」には当たらないとの見解が有力で、保安官の逮捕は見送られ、最終的に起訴猶予になった。

日本弁護士連合会の宇都宮健児会長は「元海上保安官の行為は、『秘密』を漏らしたものとは評価できず……『嫌疑なし』として不起訴処分とすべき」との談話を発表した。

不起訴に先立って、保安官は停職の懲戒処分を受けた。「職務上の命令に違反した」など信用失墜行為がその第1の処分理由に挙げられ、「訴訟に関する書類を公にした」という守秘義務違反は第2の処分理由に挙げられるにとどめられた。もし仮に保安官が起訴されていれば、おそらく無罪になっただろう。

特定秘密保護法の制定過程でも、秘密と内部告発との関係が議論された。たとえ「特定秘密」に指定された情報であっても、その内容によってはその指定が無効となり、内部告発のための公表が許され得る、との原則が議論の中で明らかにされている。

自民党のウェブサイトの「特定秘密の保護に関する法律Q＆A」というページ(https://www.jimin.jp/activity/colum/122766.html)には次のように記載されている。

「**Q23.　違法行為を隠すために、これを『特定秘密』に指定した場合、内部告発できなくなるのではないですか?**

仮に、違法行為を隠蔽するために、これが特定秘密に指定されたとしても、このような指定は有効なものではなくこれらの事実について内部告発された場合、特定秘密の漏えいには該当せず、通報した者が処罰されることはありません」

加計学園をめぐって問題となった文科省の内部文書は、防衛、外交、スパイ防止、テロ防止には関わりないので、「特定秘密」ではない。しかし、「特定秘密」に指定されている情報でさえ、このように内部告発のために漏洩することが許されるのだから、いわんや「特定秘密」ではなく、また、正式な手続きを経て秘密に指定されたわけでもない「個人メモ」だというのならば、なおさらその漏洩は違法性を欠き、許されるというべきだろう。

憲法15条2項は「すべて公務員は、全体の奉仕者であつて、一部の奉仕者ではない」と規定し、国家公務員法96条はそれを確認する形で「すべて職員は、国民全体の奉仕者として、公共の利益のために勤務し……なければならない」と定める。さらに、国家公務員倫理法3条は「常に公正な職務の執行に当たらなければならない」と一般職の公務員に義務づけている。国家公務員が行政を歪めるのに関与し、不公正な職務執行をするのは、これらの規定に違反する違法行為だ。

また、国家公務員法99条は「職員は、その官職の信用を傷つけ、又は官職全体の不名誉となるような行為をしてはならない」と定め、一般職の国家公務員による信用失墜行為を禁止している。実際には文書が存在するのに、形ばかりのずさんな調査で「文書は確認できない」と発表するのは、その官庁の信用を失墜させる行為であり、そのような行為に加担すれば、それは、この規定に違反する違法行為だ。

そして、これら法令違反の疑いを示す文書があるのならば、それは「秘密」として保護するに値せず、有権者に広く知らされるべき文書だ、といえる。

2　内部告発者保護制度の現状

日本の内部告発者保護法制とは

一連の内部告発に対する安倍政権の側の反応は、日本の内部告発者保護法制に対する政権幹部の理解の乏しさを明らかにした、ということもできる。

まず確認しなければならないのは、公益通報者保護法だけが内部告発者を守ろうとする法律ではない、ということだ。ほかにも、労働契約法や国家公務員法、憲法などに関する判例が積み重なることで形成されてきたいわゆる「一般法理」が相まって、日本の「内部告発者保護法制」は構成されている。

労働契約法は「解雇は、客観的に合理的な理由を欠き、社会通念上相当であると認められない場合は、その権利を濫用したものとして、無効とする」と定める(16条)。判例によって形成されてきた「解雇権濫用の法理」を確認した規定である。解雇だけでなく、懲戒処分についても、同様の規定がある(15条)。国家公務員法にも同様の身分保障の規定がある。「職員は、法律又は人事院規則に定める事由による場合でなければ、その意に反して、降任され、休職され、又は免職されることはない」(75条)と定められている。

正当な内部告発に対する報復として解雇・免職などの不利益扱いがなされれば、それはこれらの規定に触れる違法行為であり、それらの解雇や免職は無効となる。ここで「正当な内部告発」に当たるかどうかは、告発の内容の真実性、真実相当性、公共性、告発の目的の公益性、告発の手段の相当性などを総合して判断する。価値判断に属することなので、裁判官によって結論は異なり得るが、常識から外れた結論になることはあまりなく、だいたいの相場がある。前川氏や文科省職員の内部告発は、これら一般法理による保護の対象に入る。

これら一般法理で保護される内部告発のうち、一定の類型にあてはまるものを保護の対象として明確化しようという意図のもと、公益通報者保護法が小泉政権下の２００４年に政府の提案で制定された。

それまで認められていなかった内部告発者保護を新たに設けるのではなく、それまでは裁判所の総合判断に委ねられていた保護の範囲について、その一定部分を「安全地帯」として明示しようとする法律で、労働者にとっては、その範囲で内部告発すれば裁判で保護されるだろうと予見できる。そういう効果を目的としている。

公益通報者保護法の立案を担当したのは内閣府国民生活局(現・消費者庁)で、２００３～04年に、米国の内部告発者保護法や英国の公益開示法を研究したうえで、主に英国の公益開示法を参考にして法案を起草した。

一定の要件を満たす内部告発を法的に保護しようとする法律として立案したが、英米の内部告発者保護法制に比べて、保護の対象を狭く絞り、救済の効果も小さく控えめにした。

英国の公益開示法は、犯罪(a criminal offence has been committed, is being committed or is likely to be committed)だけでなく、法的義務違反(a person has failed, is failing or is likely to fail to comply with any legal obligation to which he is subject)やその隠蔽に関する内部告発を保護の対象にしている。ところが、日本の公益通報者保護法は、刑事罰がある特定の法令の違反に対象を限定。その結果、法的義務違反であっても対象外となる場合が多い。

米国の内部告発者保護法は、あらゆる法令違反や規則違反(any violation of any law, rule, or regulation)、重大な管理不備(gross mismanagement)、財政上の重大な浪費(a gross waste of funds)に関するあらゆる情報開示を、報道機関への内部告発も含め、保護の対象にしている。日本の公益通報者保護法とは異なり、刑罰法規への違反のみに絞り込まれてはいない。特定の法律や規則を除外したりはしていない。「あらゆる法令違反」を対象にしている。

先に触れたように、簡単な調査で存在を確認できるはずの文書について「確認できない」と発表するのに加担したり、政治家と縁故がある特定人物のために行政をゆがめたりすることは、国家公務員法や国家公務員倫理法に違反する違法行為だ。しかし、それらの違反に刑事罰はない。違法行為ではあるが、犯罪行為ではない。法的義務違反であり、法令違反であるので、その点に限って言えば、もし英国や米国で同様の行為に関する内部告発があったとすれば、公益開示法や内部告発者保護法の保護対象に入り得るだろう。しかし、日本の公益通報者保護法は、刑事罰に結びついた違法行為のみに対象を絞り込んでいるので、文科省の現旧職員による今回の一連の内部告発は公益通報者保護法の対象外になりそうだ。

このように日本の公益通報者保護法の対象が非常に狭いのは、２００４年当時は内部告発者保護が日本社会に定着するかどうか未知数な面があり、内閣府の国民生活局としては「小さく産んで大きく育てたい」という意向だったからだ。

当時、日本では内部告発者保護がほとんど前例のない制度だということもあり、政府としては、おっかなびっくりでその導入に踏み切った。「内部告発は日本の文化に合わない」という批判も一部の識者の間に根強かった。そのため、国民生活局としては、いわば社会実験として公益通報者保護法を施行してみようという意識だった。「弊害が出たらすぐに法律を廃止していい」という声さえ国民生活局の幹部の間にあった。とても慎重に、とりあえずは小さく、簡単にできるところから始めたというのが公益通報制度スタートの実情だった。

弁護士ら有識者からは、公益通報者保護法で「安全地帯」を明確化すると、逆に、「安全地帯」の外側では、今まで一般法理で保護されていたのに、公益通報者保護法の反対解釈によって一般法理でも保護されなくなってしまうのではないか、と心配する声が上がった。

これに対して、公益通報者保護法の制定を推進する側は、「安全地帯を明確化することで、その周囲にも、染み出すように保護が及ぶようになる」と反論した。一般法理による保護があり得ることを明示する目的で、公益通報者保護法の6条に「労働契約法(制定当時は労働基準法)の規定の適用を妨げるものではない」との解釈規定をあえて置いたのは、それを明確にするためだ。

法案を審議した国会でも、公益通報者保護法の対象とならない内部告発をどう扱うのかが最大の問題となった。政府側は、同法の対象とならなくても、一般法理によって保護され得ると説明。竹中平蔵担当相は次のように答弁した。

「この法律というのは、いわば一定の要件に該当する公益通報について保護されるということを特に明確にするという趣旨のものでございます。この要件に該当する通報は現状よりも通報が容易になるということは、これはもう明確であろうかと思っております。

一方で、この法案の保護の対象にならない通報については、これも御指摘のとおりでありまして、現状の一般法理による保護に変更を加えるものではない。これは法文にも明記しております。

したがいまして、この法案は、決して通報を抑制するものではなく、まさに正義を希求する通報者をエンカレッジするというような内容になっているというふうに御理解賜りたいと思います」

これを受けて、衆参の内閣委員会は同法案を通過させる際に、全会一致で、立法趣旨の周知徹底を政府に求める付帯決議をした。

「本法の保護の対象とならない通報については、従来どおり一般法理が適用されるものであって、いやしくも本法の制定により反対解釈がなされてはならないとの趣旨及び本法によって通報者の保護が拡充・強化されるものであるとの趣旨を周知徹底すること」(２００４年５月21日、衆院内閣委員会)

「本法の立法趣旨が通報者の利益の保護を拡充・強化しようとするものであること、及び本法による保護対象に含まれない通報については従来どおり一般法理が適用されるものであることを、労働者、事業者等に周知徹底すること」(２００４年６月11日、参院内閣委員会)

このような共通理解を前提に、２００６年４月、公益通報者保護法は施行された。

義家副大臣の誤った答弁の意図は？

ここまで見てきて明らかであるように、文科省の内部告発者に対する政権の側の仕打ちはきわめて違法性が強い。

たとえば、２０１７年６月13日の参院農水委員会で、自由党の森ゆうこ議員が「いろいろ今回の件で告発した方たちとか、これは公益通報者ですからね。きちんとその方の権利を守るという意識はおありですか」と質問したのに対し、文科副大臣だった義家氏は「告発の内容が具体的にどのような法令違反に該当するのかを明らかにすることがまずは必要となります」と答えた。公益通報者保護法や文科省の内部通報制度の対象範囲を尋ねる質問であったのだとすれば、正しい答弁だが、森議員の質問はそれに限らず、一般的な公益通報者としての権利を問うている。それに対する義家氏の答弁は、公益通報者保護法や文科省の内部通報制度の対象にならない内部告発(公益通報)をした人の権利は守る必要がないと言っているかのような、誤った答弁である。それらの法制度の対象にならない内部告発であったとしても、一般法理による保護がありうるのは、国会での竹中担当相ら政府の答弁でも明らかにされている。にもかかわらず、もし仮に、一般法理による保護がありうることを知っているのにそれを「ない」ものであるかのように意図して答弁したのだとすれば、内部告発者への脅しである。

同じ参院農水委員会で、森議員が続けて「すべての国民のために働いているからこそ告発したんですよ。いろんな理屈いいですから、そういう人たちの権利は守ると言っていただけますか」と質問したのに対して、義家氏は「一般論として、当該告発の内容が法令違反に該当しない場合、非公知の行政運営上のプロセスを上司の許可なく外部に流出されることは国家公務員法(違反)になる可能性があるというふうに認識しております」と答弁した。これについても誤った答弁である。加計学園に関する内部告発に付随して役所内部の情報が報道機関に提供されたとしても、それが国家公務員法違反になる可能性はおよそないのだから、前提からして誤っている。この問題答弁について、義家氏は、副大臣を退いた後の2017年11月15日の衆院文部科学委員会で、「最大限丁寧に、誠実に答えようとして一般論としての法律の解釈を説明した」と弁解したが、そもそも、野党議員の質問は、国家公務員法の守秘義務規定の解釈を尋ねたものではない。告発者の権利を守ると明確にしてほしいという要請が野党議員の主眼であり、義家副大臣はそれに対して「守秘義務違反となる可能性がある」と答弁したのだから、これは内部告発者に対する脅し以外の何物でもない。

実は文科省の事務方が義家副大臣のために事前に用意した資料には、「今回の告発者は公益通報者として保護するのかと問われた場合」として、次のような答弁が準備されていた。「いずれにしても、公益通報者として保護するかどうかについては、内容を精査した上で判断してまいりたい」――。意図的なのか過失なのかは定かではないが、義家氏はこれを読み飛ばしており、その結果、とんちんかんぶりが倍加された答弁となっている。もし意図的に読み飛ばしたのだとすれば、前川氏ら文科省の内部告発者に対する政権の敵意を映した結果なのだろう。

義家副大臣とは対照的に、その上司だった松野博一文科相は２０１７年6月15日の記者会見で、内部文書を省外に提供した職員が守秘義務違反になると考えるかどうかについて、「仮にそういった事実が判明したときは、その個々の状況、事情、意図等をやっぱりお聞きをしてきちっと精査したうえでさまざまな判断がなされるんだろうと思いますが、しかし、当然のことながら、職員としてのさまざまな立場は法の精神によって保護される」と答えた。翌16日の参院文教科学委員会でも、松野文科相は「我が省の職員にかかわらず、公益通報者保護に関する法律の趣旨にのっとって、適正にそれぞれの職員の権利が保護されるというのは当然のことでございます」と答弁した。

政権の都合やその敵意を優先するのか、それとも、法の精神やその趣旨を優先するのかが、副大臣の答弁と大臣の答弁の違いに如実に表れたといえる。

財務省も公益通報制度をないがしろに

森友学園への国有地の売却について、文書を改ざんしたり廃棄したりして国民にうそを言い続けた財務省も、公益通報制度をないがしろにしてきた。

公益通報者保護法が施行されたのと同じ２００６年4月、財務省は内部通報制度の運用を始めた。２００７～08年度に4件の内部通報を受理したとの記録が残っているが、その後は少なくとも10年近くにわたって、財務省で内部通報制度の利用は1件もない。一般に、内部通報制度があるのに通報がほとんどない場合、それはその内部通報制度が形骸化していることを示している。

精密機器メーカーのオリンパスなどさまざまな企業不祥事で、内部通報制度が機能せず、形だけになりがちな実情が問題となったことを受けて、消費者庁が主導して、２０１７年３月21日、「国の行政機関向け通報対応ガイドライン」が改正された。

新しいガイドラインは、各省庁に対して、①地方支分部局でも内部通報制度を周知する、②匿名による通報も実名通報と同様に扱うよう努める、③正当な理由なく通報の受理を拒んではならないことを明確化する、④通報者保護を徹底する――などの対応を求め、内部規則の改正を促した。これを受けて財務省は２０１７年12月22日に内部規則を改正した。

財務省の新しい規則は、契約先事業者や退職者、匿名の通報も受理するなど内部通報制度の間口を広げたり、通報者に不利益扱いがあった場合に救済措置を講じると明文化したりして②と④には従った。しかし、①と③については改めての新しい対応をしなかった。

財務省大臣官房で内部通報制度を担当する秘書課は、規則の改正とあわせて、２０１７年12月22日、財務局など地方の出先機関に改正を知らせる通知文を作成した。しかし、そこには「改正されたので、命により通知する」とあるだけで、職員への周知徹底については何も記載しなかった。しかも、全国に10ある財務局、財務支局にメールでこれが届いたのは２０１８年３月26日だった。改正された規則は１月１日に施行されたが、担当の各財務局監察官を含め財務局の職員の多くは３カ月あまり、これを知らなかったとみられる。

秘書課の担当者によると、２０１７年12月、通知文の送付を大臣官房の地方課に依頼した。しかし、地方課の担当者はそれを地方に展開すべきものと認識せず、周知の連絡が自分個人に来たものと誤解したという。秘書課も周知の結果を知ろうとはせず、その結果、通知は放置された。

財務省理財局は２０１７年、近畿財務局を協力させて、森友学園への国有地売却をめぐる決裁文書を改ざんして国会でうそをついたが、近畿財務局の現場職員の中にはこれに強く反発し、上司の管財部長に相談した人がいた。２０１８年3月7日には職員の一人が自殺しているのが見つかった。しかし、内部通報制度の利用は1件もなかった。3月半ば、内部通報制度の実情が国会で議論され、これをきっかけに制度の周知が課題として認識され、通知の放置に気づいたという。

民間企業については、２０１６年12月9日、消費者庁が「内部通報制度の整備・運用に関する民間事業者向けガイドライン」を制定。その中では、経営トップ自らが、経営幹部及びすべての従業員に向け、たとえば「内部通報制度を活用した適切な通報は、リスクの早期発見や企業価値の向上に資する正当な職務行為である」「これらの事項は企業の発展・存亡をも左右し得る」などと明確なメッセージを継続的に発信することが必要である、とされている。財務省は、こうした民間大手企業では当たり前になりつつあることすら、できていない。

なぜ内部告発は大切なのか

社会にとって内部告発はとても大切だ。これについては、日本でも今や多くの人たちのほぼ共通理解になっていると言って過言ではない。どんな立派な組織であっても、どんなに理想的な社会であっても、問題がまったくない組織や社会はない。大小はさまざまだろうけれども、不祥事が絶対起きない組織はあり得ない。

長く権力の座にある人はたいてい権力の濫用に無自覚になっていくし、「権力は腐敗する、絶対的権力は絶対に腐敗する」との格言が真実であることは多くの事実によって裏づけられている。

その際、組織や社会に問題があっても、その問題があるという情報が社会で共有されないと、その問題は解決できない。問題が可視化されず、伏在したままだと、その問題はたいてい、解決のしようがなく、放置されがちとなる。問題があるということがだれの目にも明らかになって、それについて議論がなされることで、その問題は初めて是正されうる。その前提として、そこに問題があるということを最初に伝えてくれるのは、現場にいる内部告発者であることが多い。だから内部告発は重要なのだ。

米大統領の犯罪嫌疑を暴いたウォーターゲート事件にせよ、竹下内閣を崩壊させたリクルート事件にせよ、内部告発者による助けがあったから、問題は明るみに出た。こういう事件が明るみに出なくて、ずっと不正が温存されたままだと、結局、組織や社会はだんだんと腐敗していき、機能不全を起こしてしまう。

腐敗を明るみに出すことによってそれを浄化し、直すことができる。そういう役割を内部告発は果たしてきている。内部告発が果たしている社会的な役割の大きさは、多くの人が感じているよりも、はるかに大きい。

これを政府や企業など組織の側から見たときに、内部告発はやはり重要である。

内部告発は貴重な声なのだから、そこに少しでも真実が含まれているのなら、それを組織のために生かしていこうと、前向きにとらえるのが組織の健全な持続のためには必須だ。

それができない組織は、長い目で見れば、腐敗していく。小さな不正がだんだん大きくなり、取り返しのつかないことになってしまう。組織の私物化がまかり通り、そこで働く人のモラルが下がっていく。組織がダメになっていく。内部の声を生かせない組織はそうなりがちだ。

粉飾決算に手を染めたオリンパスで内部告発者が声を上げなかったらどうなっていたか。株主や国民を騙す犯罪行為が今も続いていただろう。そうした犯罪に関わった人たちだけが重用され、出世する、いびつな人事が続いただろう。そんな会社に持続可能性があるとは思えない。遅かれ早かれその会社はダメになっていただろう。

だから、そういうとき、内部で是正することが期待できないときは、国民の前で内部告発がなされるべきだ。会社ならば株主らステークホルダーの前で内部告発されるべきだ。

内部告発する人にとっては、捨て身の覚悟が必要になるかもしれず、失うものは多々あっても、得られるものはほとんどないから、「その人のため」ということを考えれば、あまりお勧めできない。しかし、組織の長い利益のため、社会の利益のためには、内部告発があったほうが、より良い。

「総理のご意向」を勝手に忖度して、行政の意思形成に影響を与えようとする官僚が跋扈《ばっこ》するような組織はとうてい健全とは言えない。「総理のご意向」が正しく総理の意向を反映していて、かつ、それが適正な内容であるのならば、短期的には問題はないだろう。しかし、「忖度」が忖度である限り、長期的にそれが繰り返される過程でどうしても、総理の真意と忖度結果にズレができてくるはずだ。ならば、そのような組織の意思決定のあり方は「問題」と認識し、直したほうがいい。もし仮に「総理のご意向」が総理の意向とは無関係に使われたのだとすれば、安倍首相は被害者だ、ともいえるのだから。

内部告発がとくに重要な機能を果たすのは、犯罪として摘発することはできないけれども社会にとって直すべき問題だというケースの内部告発だ。

適法ではあるけれども社会にとっては害悪となっていて是正されるべき問題。そうした問題は警察や検察が摘発するわけではないし、行政機関が処分を出すわけでも調査するわけでもない。つまり、捜査機関や行政機関によっては是正されようがない。だからこそ、事情をよく知る人による報道機関や国会議員への内部告発が必要で、内部告発をきっかけにした国民的な議論だけが制度是正への力となりうる。

そうした観点から見たときに、政府の行政の意思決定の不公正なゆがみ、事実に反する報道発表や国会答弁は、それらが政権の最高レベルの容認の下で行われているかぎり、政府の一部を構成する捜査機関や行政機関自身によっては是正のされようがなく、だからこそ、それらの疑惑を国民に知らしめた文科省現旧職員の内部告発はとても貴重だということができる。

正しい行いをした内部告発者をどう守り、社会の自浄作用をどう働かせたらよいのだろうか。加計学園の疑惑と文科省の内部告発に世の中が揺れた2017年夏、公益通報者保護に詳しい光前《こうぜん》幸一弁護士と、オリンパスのマイケル・ウッドフォード元社長に話を聞いた。

光前弁護士は1950年生まれで、判事補、判事を経て、91年に弁護士になった。東京弁護士会の公益通報者保護特別委員会の元委員長。オリンパスの内部通報制度を利用した同社員が違法に左遷された問題で社員の訴訟代理人を務めた経験がある。

ウッドフォード氏は1960年に英国で生まれた。81年、オリンパスの英子会社に入り、2011年4月、本社社長に就任した。同年夏、雑誌報道で同社の会計不正に気づき、社内で責任を追及し、不正を改めさせようとしたところ、10月に社長を解任された。このため報道機関に事態を内部告発した。現在は、英国を本拠とする交通安全推進の公益法人を主宰している。

インタビュー① 光前幸一氏（公益通報制度に通暁する弁護士）

情報をだれがコントロールするかは情報化社会ではとても重要です。政治的あるいは経済的に権力を持っている人はその権力で情報をコントロールすることができます。それに対して、経済力もなく何の権力も持たない一般市民が使える武器は限られています。最後の武器が公益通報です。一般市民にとって、政治に参加し、社会をより良い方向に持っていくための、有力な手段が公益通報です。

不正を告発する仕組みは社会を変えられる公器です。閉塞した間接民主制において、一般市民がそれを打破できる武器となります。今回、それを行ったのは、問題に関わっていた官僚でしたが、首相官邸に比べて力が限られている点では、市民に似ています。

文部科学省の現旧職員による今回の内部告発は、隠された文書の存在を国民に知らせ、結局、大臣が公式発表を訂正しました。まさに公益通報として保護されるべき行動です。内部の問題に精通している人による告発が、政府全体の誤りを正したのです。

今の公益通報者保護法の対象にはならない、という指摘もあります。文書があるのに「確認できない」と発表するのは、国民への背信行為ですが、犯罪ではない。犯罪の存否を基準にしている、公益通報者保護法上の「通報対象事実」に当たるかというと、そこは難しい。

しかし、公益通報者保護法の対象とならなくても、内部告発に関する判例の法理があります。内部告発で勤務先に損害を発生させたとしても、その告発が、「真実で」「公共性があり」「公益目的で」「手段が相当である」という四つの要件を満たしていれば、違法性はなくなります。２００４年に保護法が制定されるより前から、裁判所はそうした内部告発を正当行為として免責してきていて、４要件は定着しています。

文科省職員らの内部告発はこの4要件を完全に満たしています。大臣が事実と異なる発表をしたのに政府の内部で自浄することができなかった。だから職員らは外部の報道機関に告発するしかなかった。守秘義務違反を理由に職員を懲戒処分にしても、それは無効です。萩生田光一官房副長官が「俺の名誉が毀損された」と前川さんを訴えても勝てない。裁判所はそう判断するだろうと思います。

２０１４年に判決が確定した護衛艦「たちかぜ」いじめ自殺事件の例とよく似ています。海上自衛官の自殺の原因が問題となった訴訟で、防衛省は、同僚の自衛官に行ったアンケートの結果の文書が存在しないと言い続けていましたが、訴訟対応の担当官だった3等海佐がその存在を内部告発し、遺族が高裁で勝訴判決を得ました。この際、当初、防衛省は告発者の懲戒処分を予定していましたが、世論の批判を受け、「公益通報者保護の観点から保護すべき」と処分見送りを決めました。

文科省職員らの告発は、この事件よりも、公共性、公益性が一層高い。国民の監視によって告発者を保護する必要性があります。

近年、内部告発が増えています。今回のような事件が起きると、私たちのところにも「同じような問題があるんです」と相談が来ます。これは参加型民主主義の表れだと私は思っています。

公務員の人たちも市民として、役所という狭い組織でなく、社会全体の正義の実現に関わるという、大きな意識を持つべきです。

内部告発する人はさまざまなリスクを背負っています。今の制度は「公益通報者を保護します」と言いつつ、具体的な保護措置がほとんどない。救済が認められたとしても微々たる損害賠償で、報復をした事業者の側への制裁は軽すぎる。社会は利益を得ているのに告発者だけにリスクを負わせる仕組みでは、制度が生きてこない。問題があれば自由に声を上げられる、風通しのいい環境を社会全体で作っていく必要があります。

インタビュー②　マイケル・ウッドフォード氏
（オリンパスの巨額不正経理を内部告発）

２０１１年にオリンパスのスキャンダルを明るみに出すのに関わって以降、私は強い関心をもって、日本において真実を語るために立ち上がろうとする人たちを見てきました。安倍政権の違法な圧力の疑惑に関する文書について勇敢にも自ら進んで声を上げた前川喜平・元文部科学事務次官についても状況を追っています。

菅義偉官房長官や安倍首相が内部告発者である前川さんを公然と批判したことに私は衝撃を受けました。文科省の現役職員が記者たちに匿名で真相を語り、文書を渡したことを、義家弘介文科副大臣が懲戒処分で脅そうとしたことにも、ショックを受けました。

こうした批判にもかかわらず、日本の多くの人たちが事態をありのままに認識し、前川さんの姿勢を称賛しているのは私にとって大変心強いことです。

私がいつも心配しているのは、勇気をふるって内部告発した個人に拍手かっさいを送るよりも、日本では伝統的に「出る杭は打つ」のが典型的な対応であるということです。権力者が内部告発者を敵視していることが前川さんへの対応で浮き彫りになっています。

焦点をあてるべきなのは、「メッセンジャーを殺す」のではなく、この件では、文科省が、加計学園の獣医学部新設を早く承認するようにという最高レベルの政治的圧力に影響されたかどうか真相をはっきりさせることです。

オリンパスの巨額不正経理疑惑を月刊誌「ＦＡＣＴＡ」に最初に内部告発し、苦難を強いられた本当のヒーローは匿名の日本人社員でした。私は彼の告発を取り上げて、その疑惑の事実関係と責任の所在を社内で追及しました。すると、オリンパスの取締役会は全員一致で私を社長から解任しました。

私がショックを受けたのは、その瞬間から、英国、ドイツ、米国のオリンパス現地法人の欧米人の幹部らが、１人の例外を除き、私と会話しようとしなくなったことです。連絡をとろうとしても返答がない。とても親しくしていた同僚でもそうでした。さらに、オリンパスの債権者や株主である多くの日本の金融機関は事実を直視せず、私をのけ者扱いした。それはつらいことでした。私の妻はほとんど神経衰弱状態に陥りました。

たとえ世論の支持があっても、前川さんがこれから感じるであろう孤独と疎外は残酷で、不当です。私はそれに同情しています。

西欧でも内部告発者への報復はあります。米情報機関によるメルケル独首相の電話の盗聴や大規模な市民の監視を内部告発で明らかにしたエドワード・スノーデン氏はオバマ大統領に非難され、裏切り者扱いされています。

一方で、英米には内部告発者を保護する法律があります。米国では１９８９年に内部告発者(不正に対して警笛を吹く人)保護法(Whistleblower Protection Act)が制定されました。英国では98年に公益開示法(Public Interest Disclosure Act)が制定され、私はそれを使ってオリンパスを訴えました。組織が腐敗したときにそれを正すことができるようにするために、内部告発者を保護する強い法律が整備されてきたのです。日本の公益通報者保護法（２００６年施行）を改正しようという議論が進んでいるのは前向きな動きです。

私はしばしば、史上最高位の企業内部告発者だと形容されます。私の理解では、前川さんは、政治的影響力の悪用の疑惑に「明かりを照らす」用意のあった史上最高位の官僚です。私と前川さんは、どのような結末になろうが声を上げなければならない義務を感じたという点で、明白な共通点があります。私たちは、夜、一人になって自分の行いについて考えるとき、正しいことをしたと知りつつ眠りにつくことができます。

前川さんがこの文章を読み、私が彼の側に立っていると知ってほしい。私はそう希望しています。

V

大学と地域活性化

建設中の加計学園が運営する岡山理科大獣医学部.
2017年5月18日，今治市.

大学誘致のメリット

加計学園の獣医学部新設問題をめぐっては、地方自治体と大学との「持ちつ持たれつ」の関係も浮き彫りになった。自治体が、大学の進出に人口増や地域経済の活性化を期待する一方で、大学側は自治体から多額の補助金を得るという構図だ。

獣医学部を誘致した愛媛県今治市の菅良二市長が2017年2月、3期目のスタートに当たってのインタビューで「大学誘致の狙い」についてこう述べている。

「特に著しい若者の流出に歯止めをかけ、地域経済の活性化や地元定着などに繋がる起爆剤として期待されます」

人口減や地域の衰退に悩む今治市が、大学を地域活性化のための重要な手段と位置づけていることがわかる。

今治市が2015年に発表した「今治市人口ビジョン」によると、同市の人口は1980年の19万8000人をピークに減り続け、2018年9月末現在の人口は16万640人。さらに、2040年には11万3000人にまで落ち込むと予測されている。また、2014年の調査では、市外への転出者が転入者より811人多く、全国1718市町村の中でワースト19位だった。ビジョンではこうした状態を「危機的な状況」と表現している。

同市がとくに危機感を持ったのは、「若者」だった。「大学進学・就職世代である若年層を中心に転出が顕著であり、その後、男女共、本市への転入が少ない」と分析。さらに、『地方創生特区(国家戦略特区2次指定)』など、地方創生の柱となる各種制度を積極的に活用」するとも記されており、国家戦略特区制度を使った獣医学部新設が念頭にあったことがうかがえる。

では今治市は、獣医学部新設で具体的にどんなメリットがあると考えたのだろうか。市が2017年12月にまとめた「大学獣医学部の誘致による経済波及効果」をみてみたい。結論から言うと、新設当初は大学の校舎が建設されることなどの経済波及効果として237億3000万円が、その後、大学の運営などで、毎年継続して発生する効果として21億7000万円が見込まれるとしている。2018年度の一般会計の当初予算の規模が712億円の今治市にとって小さくない数字だ。

たとえば、学生の消費支出。獣医学部が6年制のため、開学から6年目以降には1080人の学生が学ぶとし、その消費額を約12億1800万円と推計する。教職員についても163人が5億8300万円を消費すると見積もる。また、こうした経済効果にともなう市税の増収効果は、当初で3億1300万円、継続的なものとして3700万円と推計している。ほかにも、獣医学教育病院や学会の開催に関する効果が見込まれているという。実際に、市内では単身世帯用の住宅や学生用アパートの建設が相次ぎ、地元経済界には「今治の活性化への最後のチャンスだ。多くの学生、教職員が住んでくれるだけで活気が生まれる」「(獣医学部)誘致は二度とないチャンスなので賛成だ」と歓迎の声が上がっていたという。

経済効果の享受に加え、加計学園の獣医学部新設は、今治市にとって長らく背負ってきた重い「荷物」を下ろす格好の機会にもなっていた。

獣医学部は、今治市のほぼ中央部にある丘陵地に広がる約16・8ヘクタールに建設された。市が民間所有の山林だったこの土地での大学誘致を提唱したのは1983年。市土地開発公社が土地を買収したが、地元の松山大学（松山市）や関東の有力私大などさまざまな大学設置の構想が頓挫し、長らく空き地になっていた。加計学園の獣医学部構想が浮上したことで、市もここでの新設を後押しし、2017年3月の市議会で、予定地（36億7500万円相当）を加計側に無償で譲渡し、校舎の建設などに最大96億円を補助する予算案を提案して可決された。

獣医学部新設で今治市には一定の経済効果が見込めるのだろう。しかし、こうした数字は確実なものなのか、また、こうした財政支援が市の財政の重荷になったり、教育や福祉など他の政策分野にしわ寄せが来ることにはならないのだろうか。

財政面について、市はこれまでに積み立てた基金から出すので、市の財政に影響はないと説明しているが、今治市を選挙区とし、加計学園問題を追及してきた福田剛愛媛県議は「とても不安だ」と話す。経済効果については「6年後の学生数をみても1000人程度で、大きな収入がない大学生の経済波及効果がどのくらいあるのかは疑問だ。また、獣医学部の学生は卒業後、ほとんどが市外で就職すると考えられ、学生が定住し、家族を持つなどして定住人口が増えるかどうかもわからない。経済波及効果は机上の数字に過ぎない」と指摘。今治市の財政支援については、「予定地を無償で譲渡したことまではいいとしても、それに加えて、財政支援額の根拠となる見積もりも図面も今もって一切開示されないまま、キャッシュで支援する必要まであるのか」と疑問を呈する。今治市は合併で多くの離島を抱えており、行政コストがかさむという。福田氏は「今治市では施設に入れないお年寄りも多く、小中学校への冷房の導入も進んでいない」として「今、困っている人への手当てが十分でない。基金に積んだお金はもっと別の分野に使うべきだ」とも提言する。

むかし「工場」、いま「大学」?

地方自治体が大学を誘致した事例の一つとして、千葉県銚子市の例も見てみたい。同市が誘致したのは、加計学園の系列である千葉科学大だ。当時の市長だった野平匡邦氏が岡山県副知事だったとき、加計学園の加計孝太郎理事長と知り合い、「地方都市の対応次第では(大学の進出が)あり得る」との感触を得たという。その後、野平氏が2002年7月、銚子市長に当選し、千葉科学大の誘致を主導した。

野平氏は取材に、「地方衰退都市、過疎地である銚子市の急激な人口減少や急激な地域経済力の減少への抜本的な対策として、元来が無理な製造業の企業誘致や工場誘致に代えて、基本的に、大学誘致策は極めて有効だと判断してきた」と答えた。野平氏によると、学生等のためのマンション・アパート等建設費や学生等の消費生活といった地域経済効果や、固定資産税等の収入、大学関係の住民に起因する地方交付税収入、地域再生事業債に対する交付税措置、上下水道料、教職員の市民税・県税収入なども あり、「市にとっては財政が好転する原因になっている」と主張する。毎年26億円前後が見込めるといい、「18歳から24歳までの若者人口の決定的な減少を補正・増強できたことにより、地域としての銚子市は、精神的な活気が出た」とも振り返る。

銚子市は当時、77億5000万円を加計学園側に助成することを決めた。自治体側が「経済効果」

を求めて大学誘致を進める一方で、自治体が学校法人に対して多額の財政的な補助・助成をする点で、今治市での獣医学部新設と同じ構図だ。この点について野平氏は、「なぜ全国の市長や知事が大学誘致を重要視するかの背景を真剣に理解して欲しい。学校法人が、地域経営の衰退に苦しみ高等教育機関を欲しがる地方都市から、補助金と土地を要求する強引な事業形態だと決めつけるのは間違いだ」と訴える。

確かに、人件費の安いアジア各国との競争が激化する中、従来のように工場を誘致して地域経済を活性化し、人口や雇用を維持することが難しくなっているのは事実だ。地方自治体にとっては、「むかし『工場』、いま『大学』」なのかもしれない。しかし、今治市や銚子市では加計学園への多額の助成に対し、疑問の声も上がっていた。両市とも財政に余裕があるわけではない。

文部科学省の調べでは、２００８年度から２０１７年度で、自治体が大学、大学院、学部の設置の際に補助金を出した事例は27件。総額は207億円(予定額含む)で、このうち10億円以上出したのは５件だった。

大学の経済効果と規制緩和

大学と経済効果をテーマにした調査研究は多い。

文部科学省が株式会社日本経済研究所(東京)に委託して行った「大学の教育研究が地域に与える経済効果等に関する調査研究」(２０１１年３月)では、富山大、徳島大、長崎大について、①教育活動による効果、②研究活動(産学官連携)による効果、③社会貢献活動による効果、④大学立地(消費)による効果、の四つの観点から分析している。私立大を新しく誘致する場合と、もともとある国立大の例を同列には扱えないが、大学と地方自治体との関係を考える一つの材料として紹介する。

たとえば富山大の例。大学による教育活動で、富山県内の人材の質が向上するなどとして、県内の所得増加が422億円、税収増加が18億円となり、これに伴う消費の増加という波及効果が245億円に上ると試算する。さらに、大学が立地すること自体で、教員や学生の消費、施設整備、教育・研究などで483億円、大学と企業の共同研究で、企業の研究力が上がり、事業化が進むことによって25億円の効果がそれぞれあるとする。このほかにも、医師や教員、公務員といった「専門職人材」の供給源になっていること、大学と地元高校との連携による「向学心の醸成に寄与」することなども挙げ、お金に還元できない効果もあるとみる。確かに、大学が地域にあることの経済効果、意義は一定規模のものがあると思われる。ただ、自治体がその経済的効果だけを重視する観点から大学を誘致し、そこに多額の財政負担をすることについては議論の余地がありそうだ。

また、安倍政権が掲げる規制緩和の流れの中で、いくつもの地方自治体が今後、大学の誘致競争に参画したり、学校法人が大学や学部の新設に乗り出したりしてくる可能性がある。こうした中では、ルールが明確でなければ、そこに政治的な力学や思惑が入り込むなどし、設置までのプロセスが不透明になりかねない。実際に、加計学園問題では、獣医学部新設が「加計ありき」で進んだのではないかという疑念が、繰り返し国会審議でも提起された。

たとえば、いくつもの文科省の文書には、獣医学部新設についての内閣府幹部の言葉として「総理のご意向」「官邸の最高レベルが言っている」などと記録されていた。さらに、獣医学部新設の事業者を選ぶ要件について、後になっていくつかの文言が追加され、加計学園と同じく獣医学部新設に手を挙げていた京都産業大が事実上外れると解されるような文書が作成されていたこともあった。

規制緩和と同時に、事前のルールの明確化、プロセスの透明化も欠かせない。

少子化時代の地方大学

愛媛県今治市への加計学園の獣医学部新設を中心に、大学と地方自治体の関係を見てきた。だが、加計問題と直接関係はないが、別の観点から自治体と大学の関係がますます密接になっていることを示す例がもう一つある。経営難などの状況にある私立大を地元の自治体が引き継ぐ、私大の「公立化」だ。

２０１７年2月5日付朝日新聞朝刊によると、その時点で七つの私立大が公立化し、少なくとも6私大がその予定か構想があるという。少子化が進み、地方にある私大の経営が厳しさを増すことが主な要因だが、自治体にしてみれば、公立化してでも大学を残すことで若者を地元に引き留めることができ、地元経済への「波及効果」が維持できる。さらに、大学の運営費の一部が国から地方交付税交付金として配分されるため、授業料引き下げなどで他の自治体からも学生が集めやすくなり、偏差値が上がるなど「ブランド」力が上がることもある。

だが、大学を一度引き受けてしまうと、将来、引き受けた自治体や国の財政負担が増えかねないとの指摘もある。公立化した大学の中には、財務計画の見通しの甘さが議会で問題になり、経営の見直しを迫られている例がある。また、公立化の許認可権は文部科学省にあるが、要件を満たしていれば例外なく認められるといい、公立化した分、総務省が自治体に配分する地方交付税交付金の増額につながり、一地域の大学に広く国民の税金が投入されることにもつながる。

前出の朝日新聞の記事では、ＪＲ京都駅から北西へ約60キロのところにあり、２０１６年に開学した福知山公立大(京都府福知山市)の例を取り上げている。経営が行き詰まった私立の成美大を公立化したが、公立化の検討が進むまで一度も定員を満たせず、毎年のように数億円の赤字を出してきた。井口和起学長は記事で「市民にも公立化に賛否両論あったが、地域の高等教育の場としての役目を果たしたい」と述べていた。

当初の計算では、学生１人あたり年額22万円の国からの交付金と同57万６０００円の授業料などの収入に加え、市が16〜19年度に計約８億円を投入。学生数が560人になれば、20年度に黒字化する想定を立てた。だが、京都府立大学長として大学経営の経験がある井口氏は「校舎や設備は古く、蔵書も貧弱で想像以上だった。市のシミュレーション通りにいくわけがない」と話し、大橋一夫市長も２０１６年12月の市議会で「すでに財政シミュレーションに乖離が生じ、見直しが必要な状況になっている」と答弁した。

公立化初年度は50人の募集に１６６９人が志願。倍率は公立化前の１倍から33倍になった。一方、17年度入学の２期生の定員120人のうち推薦入試の43人の枠には25人しか集まらなかった。井口学長は記事で「公立化の効果は一過性だ。地域の高校と信頼関係を築き、地域社会の発展に寄与する人材を育てたい」と話していた。少子化が進み、大学間で競争が激しさを増すことを考えると、学生が集まらなければ、今後、市が重い財政負担を抱える可能性もある。

公立化に厳しい視線を送る自治体もある。

新潟県柏崎市では、経営難が指摘されている地元の私大、新潟産業大を公立化するかどうかの検討が進んできた。

２０１７年8月に公表された、市がコンサルタント会社に委託した調査では、「大学の存続を前提とする場合、財務上、外部からの大規模な支援が必要とされる状態にある」とし、「現時点で現実的に取りうる経営改善の在り方は、ほぼ公立大学法人化に絞りこまれる」と結論づけた。だが、その一方で「経営改善上の形態見直しや公立大学法人化の実施により志願者の獲得ができたとしても、それは一時的に市場の期待を受けたに過ぎず、期待に応えられない学校は失望され、その評価は学生本人の手元の携帯端末やメディアを通じて瞬時に全国に知れ渡ることとなり、早晩、市場での競争力を失うであろう」という厳しい言葉も並んだ。

これを受け、柏崎市の桜井雅浩市長は２０１８年2月の市議会全員協議会で、「（新潟産業大が）柏崎市に存する大学ならではの独自性・優位性には欠けていると言わざるを得ない」「公立大学法人化をすることによる好影響は、5年程度と考えるのが自然」などとしたうえで、「現在、市として公立大学法人化にかじを切ることは非常に難しいと、私自身判断している」と語り、公立化に否定的な考えを示した。

千葉科学大を銚子市長として誘致した野平氏は、「地方中小都市の首長や職員には公立大学経営のノウハウがなく、公立大学の経営責任を地方都市が負うことは危険だった」と指摘。また、地方自治体には破産といった制度がないとして、「当時の制度の下では、公立大学が経営破綻した場合の負債は、結果として市民が長期間にわたって、税金の投入という形で責任をかぶることになる恐れがあった」と話す。
経営の先行きが危ぶまれる私大に対し、学生を引き留め、地域活性化のために公立化に踏み切るのか、将来の財政負担などを考慮して踏みとどまるのか。自治体の首長の判断が問われる局面だといえるだろう。

インタビュー　小川洋氏(元聖学院大学教授・教育学)

『消えゆく「限界大学」　私立大学定員割れの構造』(白水社)の著者で、地方の大学の事情に詳しい教育研究家の小川洋・元聖学院大教授(教育学)に聞いた。

地方自治体が地域活性化や経済効果を狙って大学を誘致しても、必ずしももくろみ通りになるとは限らない。
まず、地方自治体が誘致する大学は定員が数百人規模と小さなところが多い。大規模な大学でない限り、地元以外から学生が来るとしても、下宿などによる効果はそう見込めないし、そもそも学生がそう多くのお金を使うわけでもない。校舎などの建設で地元の建設業者らは潤うだろうが、一過性の効果に過ぎない。中には、金融機関の系列シンクタンクが経済効果があるような調査結果を出し、さらに系列の不動産会社が土地を紹介したり、銀行が融資したりするなど、大学誘致がだれの利益なのかわからなくなっているような例もある。

少子化が進み、ただでさえ大学間の競争が激しさを増し、小規模な大学はすでに定員割れに追い込まれているところが多く、仮に誘致に成功したとしても永続的な効果が見込めるかはわからない。進出した地方から学部を引き上げたり、校舎を都市部に移したりする私大も出ており、地方への大学誘致とは逆ベクトルの動きも出ている。経済効果だけの観点から、大学を誘致するメリットは薄れているのではないか。

そんな中でも、手堅く学生を集め、着実に実績をあげている大学がある。共通するのは、大学が特色を出し、地域と密着していることだ。たとえば、すべての授業を英語で行う、さまざまな資格を取らせることを掲げて学生を募集するなど、教育内容に特徴がある例だ。また、学生をその地域の地場産業の担い手として育てたり、学生に地元企業でインターンを経験させたりして就職に結びつけたりするなど、地域経済との連携を明確にしているケースもある。大学と地元自治体、経済界が一体になることが重要だ。

ただ、地域連携と言っても、実際には難しい問題が多々ある。大学には、公民館活動の健康教室に先生と学生を派遣してほしいとか、祭りに人手が欲しいなどといった単純な要請も来る。「連携」は実際には、泥臭いものであるケースが多い。そうした現状も踏まえ、大学が地域に溶け込んでいけるかが問われる。

一方、各地で見られるようになった私大の「公立化」の行方も不透明だ。公立化で大学のブランド力が向上し、地元や近隣の受験生にとって選択肢が増えるなど、一定のメリットもある。偏差値が急上昇する例も少なくない。しかし、問題点も多い。公立化でそれまでの私大の職員と、自治体からやってきた職員とがうまく融合して大学経営をガバナンスできるのか。自治体からの職員の中には、専門性を持たないうえ、数年すると他部局に異動してしまう人もおり、公立化で大学のありようを大きく変えられるかに疑問が残る。自治体の幹部を理事に据え、地元人脈さえあれば学生が集まるような錯覚をしているような事例もある。

公立化で国からの地方交付税が入るため、すぐに自治体に財政負担が重くのしかかることはないが、施設・設備の更新や教員の質を確保するためには、人件費も含めてかなりの固定費がかかる。国の財政が厳しさを増す中で、地方交付税が現在の水準で維持されるかもわからない。公立化が将来の自治体の重荷になる可能性もある。教育水準を上げ、卒業生たちの進路に見るべき成果がなければ、公立化の効果は一過性に終わるだろう。

加計学園の獣医学部新設をめぐる主な経緯（肩書きは当時）

２０１５年

４月２日　愛媛県、同県今治市の担当課長、加計学園事務局長らが首相官邸を訪問し、柳瀬唯夫首相秘書官と面会。

６月４日　愛媛県と今治市が「国家戦略特区」での獣医学部新設を国家戦略特区ワーキンググループに提案。

６月30日　安倍内閣が獣医学部設置のいわゆる「４条件」を閣議決定。

２０１６年

１月29日　愛媛県今治市が「国家戦略特区」に指定される。

３月24日　京都府と京都産業大が国家戦略特区での獣医学部新設を提案。

９月〜10月　前川喜平文部科学事務次官と和泉洋人首相補佐官が首相官邸で面会。前川氏によれば、獣医学部新設について、和泉氏から「総理は自分の口から言えないから、私が代わって言う」と言われる（和泉氏は否定）。

獣医学部新設について、文科省側が、内閣府側から「総理のご意向」「官邸の最高レベルが言っている」などと言われた、と記録した文書を作成。

11月9日　国家戦略特区諮問会議が、獣医学部の52年ぶりの新設を認める。「広域的に獣医師系養成大学等の存在しない地域に限り」という条件がつく。

2017年

1月20日　国家戦略特区諮問会議で、今治市に加計学園が獣医学部を新設する計画が正式に認められる。

3月13日　安倍晋三首相が参院予算委員会で、加計学園の獣医学部新設に関与したのではないかと指摘され、「私が働きかけて決めているのであれば責任を取る」と答弁。

5月17日　朝日新聞が朝刊1面で「総理のご意向」「官邸の最高レベル」などと書かれた文科省の記録文書の存在を特報(朝刊最終版)。

菅義偉官房長官が報じられた記録文書について、記者会見で「怪文書みたいな文書」と発言。

5月19日　松野博一文科相が記者会見し、「該当する文書の存在は確認できなかった」などとする文科省の調査結果を発表。

5月23日　前川氏が朝日新聞のインタビューに応じ、内閣府から文科省に「総理のご意向」などと伝えられたと記録された文書について、自らが担当課から説明を受けた際に示された文書だと証言。獣医学部の新設については、加計学園を前提に検討が進んだとして、「行政がゆがめられた」と語る。

5月25日　前川氏が東京都内で記者会見。一連の文書について「あったものをなかったことにできない」などと発言。

6月9日　松野文科相が、文書について追加調査をすると発表。

6月15日　文科省が、朝日新聞の報道や国会審議の中で示された「総理のご意向」などと書かれた19の文書のうち、14文書の存在が確認できたと公表。松野文科相が陳謝。
6月16日　安倍首相が参院予算委員会で「文書の問題をめぐって、対応に時間がかかったことについては率直に反省したい」と答弁。
7月2日　東京都議選が投開票。自民党は現有の57議席から23議席に減らす惨敗。
7月10日　国会の閉会中審査で前川氏が参考人として出席。獣医学部新設について「決定のプロセスに、非常に不公平で、不透明な部分があると考えている」などと発言。
7月14日　国家戦略特区での獣医学部新設を計画していた京都産業大が記者会見し、学部新設断念を発表。
7月24、25日　衆参両院の予算委員会で閉会中審査。安倍首相は「(加計氏が)私に対し、私の地位や立場を利用して何かをなし遂げようとしたことはただの一度もない」と答弁。和泉首相補佐官も「総理は自分の口から……」発言について「記憶がまったく残っていない。したがって言っていない」と答弁。柳瀬首相秘書官も今治市の担当者との面会について「記憶が定かでない」と答弁。
8月10日　朝日新聞が朝刊1面で、柳瀬首相秘書官が２０１５年４月、愛媛県、今治市の担当者、加計学園事務局長と首相官邸で面会していたことを特報。
8月25日　文科省の大学設置・学校法人審議会が、加計学園の獣医学部新設に対し、認可の判断を先送りすることを決定。
9月6日　加計学園の幹部が今治市議会に対し、獣医学部の建設計画を説明。一連の問題発覚後、学園による地元への公式の説明は初めて。
9月28日　衆院が解散される。

10月22日 衆院選が投開票され、自公両党が圧勝。

11月10日 林芳正文科相が、大学設置・学校法人審議会は加計学園が運営する岡山理科大獣医学部の2018年の開学を認める答申をした、と発表。

11月14日 林文科相が開学を正式に認可。

2018年

4月3日 加計学園が運営する岡山理科大獣医学部で入学式。

4月10日 15年4月の愛媛県、今治市の担当課長、加計学園事務局長らと柳瀬首相秘書官との面会について、愛媛県が作成した記録文書を朝日新聞が朝刊1面(一部地域を除く)で特報。文書には、獣医学部新設についての柳瀬氏の発言として「本件は、首相案件」などと記載。

同日午前、柳瀬氏が「記憶の限りでは、愛媛県や今治市の方にお会いしたことはない」とのコメントを発表。

同日夕、中村時広愛媛県知事が文書について「この会議に出席した職員が口頭報告のために作ったメモ」と認める。

4月13日 農林水産省が、愛媛県作成の記録文書とほぼ同内容の文書が省内で見つかったと発表。

4月20日 文科省が、愛媛県職員らと柳瀬氏との面会予定が記された内閣府からのメールが見つかったと発表。

5月10日 柳瀬氏が衆参両院の予算委員会で、加計学園側と3回面会していたことを認める。

5月21日 愛媛県が参院予算委員会に対し、獣医学部新設に関する同県の文書を提出。その中に、20

15年2月25日に加計学園の加計孝太郎理事長が安倍首相と面会した際、首相が「そういう新しい獣医大学の考えはいいね」と述べた、と学園が県に報告したと記録。

6月19日 加計理事長が岡山市で記者会見。愛媛県の文書に記されていた安倍首相との面会について「記憶にも記録にもない」と否定。会見時間は約25分。

9月7日 自民党総裁選が告示。安倍首相と石破茂・元幹事長が立候補。加計問題、森友問題も論争のテーマに。

9月20日 安倍首相が自民党総裁に3選。

10月7日 加計理事長が今治市で2度目の記者会見。安倍首相との面会について「覚えていないし、記録もない」と述べる。会見時間は約1時間半。

あとがき

内閣府の幹部が加計学園の獣医学部新設を「総理のご意向」だとして、文部科学省に対応を迫ったとする内容が記録された文書をスクープした朝日新聞の報道（２０１７年5月17日）を皮切りに、加計学園問題は政権を揺るがす大問題になっていった。さらに、その年の1月まで文部科学事務次官の職にあった前川喜平氏が、安倍晋三首相自ら「腹心の友」と呼ぶ人物が運営する加計学園の獣医学部新設を認める過程で、「行政がゆがめられた」と驚くべき証言をした。

その後も、実にいろいろなことが出てきた。安倍晋三首相の側近の関与をうかがわせる中身が書かれたメールや文書、文科省が加計学園幹部に学部新設に向けた指南をしていたことをうかがわせる内容のメール、柳瀬唯夫首相秘書官が官邸で加計学園の関係者と面会していた事実、安倍首相と加計学園の加計孝太郎理事長が会って学部新設について話していたと記載された愛媛県の文書（首相と加計氏は面会を否定）――。政権側は一貫して首相の関与を否定してきたが、次々に新しい事実が明らかになり、今でもこの問題はくすぶり続けている。一方で、その間に加計学園の獣医学部新設は正式に認められ、18年4月に開学した。

加計学園問題と、森友学園をめぐる国有地取引問題を追いかけた朝日新聞記者たちの取材の舞台裏は、『権力の「背信」』（朝日新聞出版）に詳しく描かれている。本書で問いかけようとしたのは、加計学園問題を通じて浮かび上がった、この国の「構造問題」だ。

たとえば、加計学園に獣医学部開設の道を開いた「国家戦略特区」という制度がある。そこでは、一般の事業者には禁じられていることが、特区で政府がゴーサインを出した事業者にだけは認められるという「1国2制度」が出現する。運用しだいでは、権力者がお気に入りの事業者に特別な権益を与える「魔法の杖」となりうる。

公文書の問題では、首相側近らの関与をうかがわせる文書が出てきても正式な行政文書と認めない一方で、政策決定の過程が文書や記録でまったく残されていないのに安倍政権がそれを容認しているという実態もわかった。これでは、どんな不公正な政策決定が行われたとしても後から検証できず、「やりたい放題」を許容する土壌を生み出す。

また、国民の奉仕者たるべき官僚が、権力者の顔色ばかりみて、国民への説明責任を果たそうとしていないのではないかという指摘も国会審議を通じて数多く出た。多くの国民は、そうした光景をうんざりするほど見せられてきた。この国の政治のありようは、未来を担う子どもたちに範を示せているだろうか。

どこまでが許され、どこまでが許されないことなのか……。そんなモヤモヤ感を抱いている国民は少なくないだろう。取材にあたった記者たちもまた、同じ思いを抱き続けている。そこで、加計学園問題が投げかけた構造問題を、取材にあたった記者たちが一つずつ丁寧に整理し直し、「モヤモヤ」の根っこにある制度的、構造的な課題を絞り出し、明らかにしようと試みたのが本書だ。

仮に、権力者に近い人が得をし、その不透明な政策決定のプロセスを国民はいっさい知ることができないとしたら、そんな暗い「国のかたち」をだれが望むだろうか。

本書で明らかにした数々の構造的な課題が、国民的議論を巻き起こし、より良い方向に改善されていくことを願ってやまない。

本書の出版にあたっては、岩波書店第二編集部の田中朋子さんに強い後押しと励ましをいただいた。かなり早い時期から出版のお話をいただいていたが、加計学園問題が２０１８年に入って急展開したことや、筆者たちが日常の取材をこなしながらの執筆となったため、原稿は遅れがちだった。改めて感謝したい。

２０１８年12月

朝日新聞東京経済部長代理(前・特別報道部次長)　野沢哲也

本書は、取材にもとづく書き下ろしだが、左記はもとにした原稿がある。
○第Ⅲ章コラム「公文書管理先進国アメリカの国立公文書館を訪ねる」……２０１８年６月３日の朝日新聞朝刊３面に掲載された記事「米の公文書管理、民主主義の守り手　ＮＡＲＡ、不祥事契機に運用厳格化」に大幅に加筆。
○第Ⅳ章「公益のための内部告発とは」……朝日新聞社の言論サイト「ＷＥＢＲＯＮＺＡ」に２０１７年７月12日に掲載された論考「政府の側は内部告発者への違法な攻撃をやめるべき——公益通報者保護法制から見た文科省現旧職員の行動の意義と適法性」をベースに加筆・修正。

朝日新聞加計学園問題取材班

2017年以降の一連の加計学園問題を報道した取材班.執筆は,「序」を西山公隆(東京社会部次長,現・文化くらし報道部生活担当部長),第I章＝野沢哲也(特別報道部次長,現・東京経済部長代理),岡崎明子(特別報道部,現・オピニオン編集部次長),星野典久(特別報道部,現・政治部),第II章＝南彰(政治部,現・新聞労連委員長),第III章＝西山公隆,久保田一道(東京社会部),第IV章とコラム＝奥山俊宏(編集委員),第V章＝西山公隆,あとがき＝野沢哲也.

解剖 加計学園問題──〈政〉の変質を問う

2018年12月13日 第1刷発行

著　者　朝日新聞加計学園問題取材班

発行者　岡本 厚

発行所　株式会社 岩波書店
〒101-8002 東京都千代田区一ツ橋2-5-5
電話案内 03-5210-4000
http://www.iwanami.co.jp/

印刷・三秀舎　製本・松岳社

ISBN 978-4-00-061272-2　　Printed in Japan

書名	著者	判型・頁・価格
戦慄の記録 インパール	NHKスペシャル取材班	本体二〇〇〇円 四六判二七二頁
記者襲撃――赤報隊事件30年目の真実	樋田毅	本体一九〇〇円 四六判二二四頁
富山市議はなぜ14人も辞めたのか――政務活動費の闇を追う	チューリップテレビ取材班	本体一八〇〇円 四六判二〇八頁
秘密解除 ロッキード事件――田中角栄はなぜアメリカに嫌われたのか	奥山俊宏	本体二七〇〇円 四六判一九二頁
虚罪 ドキュメント 志布志事件	朝日新聞「志布志事件」取材班	本体二三〇〇円 四六判三三六頁

――― 岩波書店刊 ―――

定価は表示価格に消費税が加算されます
2018年12月現在